JEAN LIBERT

---◦•◦•◦---

L'Impulsionnisme

et l'Esthétique

PARIS-IX·

H. DARAGON, ÉDITEUR

30, RUE DUPERRÉ, 30

———

1906

L'Impulsionnisme
et l'Esthétique

DU MÊME AUTEUR

EN PRÉPARATION

Friedrich Nietzsche, Cas psychologique.
Types et Portraits, Esquisses psychologiques.
Les Mystiques, Comédie en quatre Actes.

SOUS PRESSE

De M. Ary-René d'Yvermont,
le Manifeste de l'Ecole critique impulsionniste :

La Critique et l'Art.

Jean LIBERT

· - ·ı·∤·ı --

L'Impulsionnisme
et l'Esthétique

PARIS-IX⁰

H. DARAGON, Éditeur
30, RUE DUPERRÉ, 30

—

1906

Au *Promoteur de l'* « Impulsionnisme »

Ary-René d'YVERMONT

J. L.

AVANT-PROPOS

Il semble bien que l'âme moderne ait perdu tout sens esthétique par suite du délire créateur qui secoua, durant ces dernières années, les neurasthénies et les vanités des dilettantes de l'art. L'incertitude flotte plus intense que jamais sur un monde insouciant qui, sollicité de tous côtés, demande à la réclame le droit de s'extasier devant un chef-d'œuvre de banalité, alors que personne aujourd'hui n'oserait avouer l'impuissance de sentir la beauté.

L'artiste lui-même se laisse prendre au piège de la modernité, sacrifiant la beauté pure à l'Idée, à l'originalité à tout prix, se mettant ainsi à portée d'une foule qu'il méprise et craint, il perd son caractère divin et justifie les craintes de Nietzsche sur l'approche du crépuscule de l'art. La décadence est cependant factice, et l'on espère de tous côtés en faire éclore une Renaissance artistique grandiose digne de notre intelligence, de notre savoir.

Il est au contraire, plus à craindre de l'âme actuelle, qu'à espérer ; Nietzsche, après avoir constaté la chute de l'édifice moral et jeté le trouble dans tous les esprits avancés, n'ayant pas eu le temps de donner à l'homme de suffisantes intuitions pour établir une nouvelle vie, nous condamne ainsi à une lente évolution, à de longs détours, à de graves erreurs; l'art surtout n'eut pas de solution et se vit abandonné aux manifestations individuelles, c'est-à-dire à la stérilité.

Mais des efforts sont journellement tentés par la jeune génération pour réunir quelques mentalités afin de créer de nouvelles écoles d'art tôt disparues devant les vanités et les jalousies individuelles; ou succombant sous le poids des idées nouvelles s'acharnant contre une théorie insuffisamment développée : les idées s'envolent sur les ailes du progrès, la science seule défie les attaques du temps.

Depuis quelques années déjà certaines pensées purement amorales semblent appuyer les travaux des savants et jaillir naturellement de l'œuvre colossale de Nietzsche, — pensées aussi positives qu'esthétiques dont la portée serait même en voie de réconcilier la science et l'art en jetant une certaine clarté sur l'essence du Beau, dans ce domaine où il fallait autrefois posséder des dons surnaturels.

Il y a huit ans donc que le lettré Ary-René d'Yvermont fut frappé de l'éclosion soudaine des passions dans l'âme et de la nature mystérieuse de la volonté et des émotions. Il reconnut, dès lors, que l'être humain ne pouvait être régi que par « impulsions », sous la seule influence du monde extérieur — l'homme ou la nature — sur l'individualité. Il fit part à ses amis de ses doutes sur la véracité des explications psychologiques, et jeta le premier l'idée de « l'Impulsionnisme », théorie rationnelle exposée ici sous sa direction.

Parallèlement la science, convertie aux doctrines de l'évolutionnisme, soupçonnait l'erreur des psychologues voulant défendre la morale et proclamant l'homme libre, instaurait la croyance à la non-responsabilité. La mentalité individuelle, constate-t-on, est essentiellement liée au progrès, recevant par l'éducation, par la vie, l'empreinte de la société ; elle est emportée dans le hasard de ses rapports avec le monde ; elle ne peut avoir de volonté libre, car elle est encerclée dans cette morale que de toutes parts l'égoïsme de la masse lui donne pour entraver sa force naturelle.

L'homme n'existe pas en tant que partie morale dans l'univers, car on aura beau fouiller l'histoire de ses sentiments pour découvrir une réalité, une certitude, un argument qui eut un fondement dans le monde extérieur, dans l'observation scientifique des relations de l'individu avec la société entière. Dans le monde moral on chercherait en vain des causes et des effets dans cette constante réciprocité de mouvements qui, dans le même sujet, d'effets redeviennent causes.

En nous il n'y a que des impulsions. Si l'on observe

avec soin l'évolution d'un enfant, on ne pourra reconnaître dans sa vie, comme seule donnée intellectuelle,
que la « sensation » ; les idées se sont imprimées dans
le cerveau par la réalité de la sensation — les mots qu'il
a entendus et qu'il peut rendre par le langage, — les
émotions, même les plaisirs et les terreurs, accompagnent constamment ces idées : les sentiments n'ont
pas d'autre origine.

Qu'est la sensation, sinon une « impulsion » lancée
dans la conscience par le monde pour donner la possibilité d'y vivre en concourant au grand but de la
Nature : la conservation de l'Espèce ? Qu'est la
mémoire, sinon un cliché gardant l'empreinte des
impulsions premières afin de servir à l'entretien de
cet Instinct ?

On peut fixer cette constatation sous toutes ses
faces, jamais on ne trouvera d'origine de l'Intelligence
en-dehors de l'Impulsion, physique par les sensations
ordinaires, morale par les sensations plus subtiles des
idées : c'est-à-dire des suites de mots inculqués par
l'éducation scolaire et religieuse en usant de la sensibilité de l'Être, par comparaison avec l'émotivité
matérielle, par dénaturation de cette émotivité purement animale. L'éducateur ne fait ainsi que prodiguer
dans la mémoire les idées nécessaires à la marche de
la société.

Toute l'Esthétique surgit donc de la nature même
de l'individualité, de ses besoins de joie, de consola-

tion. Et l'on proclame hautement, dans les dernières
écoles, que l'Art est solidaire de son époque ; qu'à
chaque stade de civilisation l'artiste doit renouveler
« sa matière » ; c'est là l'erreur générale de la modernité : l'artiste ne doit pas changer sa matière, mais
seulement ses procédés. En art véritable, le sujet
importe peu : l'artiste ne cherche pas le sujet, mais
le sujet s'impose à lui, non par imitation de l'antique,
mais par sa continuation, avec des procédés nouveaux
dégagés de l'évolution.

Le progrès se fait sur les idées scientifiques, c'est-
à-dire sur un affinement de l'intelligence critique,
tandis que l'artiste soucieux de l'Art n'a qu'une adoration : la forme. S'il en sort, il ne devient qu'un
médiocre instrument d'éducation. Mais il est plus
pratique aujourd'hui de donner au public la joie de
découvrir dans l'œuvre d'art une idée, l'émotion por-
tant à la fois sur l'œuvre et sur l'idée.

Il ne faut certes pas blâmer cette tendance, elle
exerce l'intelligence plus que le sens du Beau chez
l'artiste ou le public, mais l'on ne peut y découvrir
qu'une irrémédiable décadence de l'Art, que le crépuscule qu'a indiqué Nietzsche. La tâche de l'artiste ne
consiste pas à combattre, mais à voir, et le public
moderne l'encense déjà trop pour ne pas l'éblouir et le
détourner de sa pure mission. Mais quelles formes
employer désormais ? Voilà le véritable secret de l'artiste de demain !

Par sa vie, son éducation, son tempérament essentiellement modernes — et ne pouvant s'évader de son
temps — il a une plus grande clairvoyance dans l'interprétation, et par là seulement son œuvre peut devenir
le symbole, le stigmate de son époque dans l'histoire
de l'Art.

Chercher le Beau autre part que dans la forme, ou
plutôt dans l'émotion que donne la forme, c'est nier
l'Esthétique : l'artiste ne peut avoir d'autre but que la
vision pure, que la réalisation de son Rêve intérieur.
Lorsque nous serons tous pénétrés de la nature de l'Art,
alors seulement nous pourrons enrayer la décadence et
espérer.

C'est avec cette pensée, née de l'Impulsionnisme,
que M. Ary-René d'Yvermont a voulu faire revivre
non une école littéraire, mais une nouvelle école de
critique nécessaire en ce temps de désarroi où tout le
monde se mêle de juger sans pudeur ni raison.

L'IMPULSIONNISME

LIVRE PREMIER

L'IMPULSIONNISME

I

LA RAISON

LA PHILOSOPHIE. — Parvenu à un certain degré de civilisation, l'homme primitif, brisé par le destin, se replie sur lui-même et songe. Ruminant les légendes qui volent de bouche en bouche, il sent un contraste violent naître de sa nature, il croit aux mythes surnaturels, à la force mystique du chef de tribu devant qui tous les êtres s'inclinent. Il voit dans la Nature des forces mystérieuses et hostiles : les éclipses, les tempêtes, le tonnerre l'effraient, le troublent, et il cherche dans ces « signes » terribles le doigt vengeur des divinités. Les pensers s'accumulent sans cesse et le prophète enthousiasmé d'un système péniblement charpenté parcourt les tribus, jetant à tous les vents la fougue de sa croyance. Partout on l'admire, on l'adore, on le craint et la Religion s'étaye sur la superstition des âmes épouvantées par l'Inconnu.

Peu à peu, au cours des événements, les idées s'épurent, de nouvelles données sont acquises ; la Religion est considérée comme immuable. Les penseurs, pouvant s'analyser plus profondément, séparent nettement l'homme savant de la Nature aveugle et jettent dans le vide les fondements d'une nouvelle légende : la Philosophie.

Mais, hélas ! l'homme est l'être le plus malheureux de la Terre, lui seul n'a pas de but, de raison d'être, il souffre de toutes les atteintes du mal ; et, dès qu'il veut se poser les pourquoi, les comment, il s'aperçoit que son savoir est borné. Inventant des mots pour étiqueter des effets difficilement dégagés, il distingue subtilement une foule d'états de conscience qui vont, viennent, se brouillent dans son cerveau agité : le philosophe veut connaître la « Vérité ».

D'elle-même, aujourd'hui, la vérité philosophique se pose en dehors de la raison : le rationalisme procède du connu pour découvrir un inconnaissable prétendu. Dans ses développements savants, il satisfait aux lois logiques d'une pensée (établie, distincte des données sensibles), mais un démon malin appelé Raison vient toujours, au moment de

la capture de la Vérité, ricane en soufflant ce mot :
« Infini. »

D'abord, l'on ne saurait comment se prononcer
sur un alignement de mots dont le sens est invéri-
fiable dans l'univers, puisqu'il n'y a d'autre *criterium* que le connu. Peut-être le philosophe possède
un œil d'artiste pour admirer le sens de la phrase,
il est heureux d'une œuvre qui perd par là-même
ainsi toute valeur scientifique... Bref, la raison a
lancé sa croyance au hasard, illogiquement ; elle
s'arrête à un terme suprême qui les renferme tous :
« Dieu ». Ce mot représente l'inconnu, que l'on ne
comprend pas, mais que l'on sent partout : c'est la
pierre philosophale, découverte et contemplée sous
le nom de Vérité.

Il y a tant de ténèbres encore, tant de lassitude
à penser, tant d'efforts à faire pour coordonner les
effets et les causes ; et avec cela la volonté est si
souvent subite, elle vient d'on ne sait où, elle fait
tant de mal dans cette méchante vie, qu'il est
permis à l'imagination de vagabonder quelque peu
pour concilier les apparences de la raison naturelle
et de la morale, de l'imperfection et de l'idéal.

Et puis, il est si difficile de se représenter une
combinaison d'images, d'idées, d'inclinations, de
volitions, le tout livré à l'arbitraire d'un *Deus
ex machina* appelé le « moi » immortel qui « doit »
avoir une fin unique : le Bien moral. Il est donc

impossible, dans ces conditions, de faire intervenir la science positive, d'autant plus que l'on a réfuté par avance la formidable accusation que Kant a lancée dans ses Prolégomènes contre la métaphysique, accusation qui subsiste encore, contre la réfutation elle-même et contre la nouvelle solution.

Jusqu'ici la psychologie *n'a pas fait un pas valable* en tant que science : elle s'est épuisée à combler par des mots le tonneau des Danaïdes pour ne pas voir que l'homme était uniquement régi par la Nature. Elle ne pouvait donc *créer* des lois, mais elle devait les *chercher*. Cependant elle a pu exercer la pensée humaine, l'affiner, et voilà son mérite.

L'homme dans le monde n'est qu'un spectateur. Il n'a de joie réelle qu'en voyant passer devant ses yeux avides de certitude, l'enchaînement des causes et des faits. Il a renversé la connaissance du « moi » en voulant se faire son propre spectateur et, finalement, révolté de ne pouvoir se comprendre, il devient pessimiste.

Aujourd'hui, il coûte à notre orgueil de songer que nous ne sommes peut-être que des marionnettes dont la Nature tiendrait tous les fils. Cette Nature aveugle sacrifie sans cesse pour faire renaître de nouveaux êtres et les conserver, et se soucie peu des affres et des supplications égoïstes. Nous le sentons vaguement, mais...

Très sage, la Nature a donné à la Raison humaine des principes éternels. Il me semble donc qu'il existe un principe de contradiction énoncé ainsi : « Une chose ne peut pas à la fois être et ne pas être ». Or, tout le monde moral est contradictoire par ce seul fait qu'il s'étaie sur la dialectique. Dès lors, je ne vois pas très bien pourquoi l'on s'attacherait à une idée, à une opinion, plutôt qu'à l'idée ou l'opinion contraires. Peut-être par un artifice — très louable — a-t-on cru résoudre la difficulté : on a affirmé le monde moral, mais... il fallait bien une consolation à notre pauvre raison toujours insatisfaite !

Aussi, la *science* appelée psychologie n'est qu'une immense tentative pour détacher l'âme du corps en déraisonnant par la raison. Quand on aura dit le dernier mot sur la production des phénomènes psychiques, il ne restera plus aux métaphysiciens qu'à discuter sur la nature de la pensée, du fluide nerveux et d'autres choses en soi afin de fournir aux lycéens des exercices de dialectique.

L'INDIVIDUALITÉ. — L'Univers offre à l'homme le spectacle le plus beau qu'il ait jamais pu concevoir. Tout y est admirable, tout prête au rêve, tout écrase. Le savant s'aperçoit que l'ordre est parfait dans un monde où tout est nécessaire, où tout s'enchaîne dans le tourbillon du plus complet déterminisme. Les âmes simples demandent à la superstition, à la peur devant les épouvantails de l'au-delà, l'art mystique et profond qui s'exhale du fond de l'âme du prêtre. L'homme positif s'oublie dans le parfum des dentelles de sa maîtresse, la plasticité de son attitude ou le heurt adorable et flatteur d'une convulsion amoureuse. L'artiste, toujours à la conquête de son rêve de beauté, poursuit l'idéal et le rend immuable. Quel est l'être qui n'a pas dans le cœur une parcelle d'art, un coin de rêve où se reposer ? Quel est le monstre même qui ne prête pas à l'admiration, ne serait-ce que par le fonctionnement de son automatisme? Et l'on songe malgré soi à la pensée qui est la base de toute la philosophie de Nietzsche : « L'existence du monde ne peut se *justifier* que comme phénomène esthétique (1).

Aujourd'hui, on arrive difficilement à se convaincre que la vanité humaine ne soit pas la cause de l'extension formidable qu'a prise à travers les âges la métaphysique, au point de dominer toute l'humanité. En effet, il résulte nettement de la croyance en la noblesse de l'individu une extra-

(1) *L'Origine de la Tragédie*, p. 10.

ordinaire source de jouissances naïves. Comment concevoir l'homme autrement qu'à l'image de Dieu ?

L'homme, le roi de la Nature, possède l'Intelligence : cet esprit qui, dégagé de la matière, a créé les formes et les rythmes sublimes de l'Art ; cette raison, basée sur des principes grandioses, qui peut s'élever jusqu'à la science la plus compliquée ; cette force d'amour du Beau, du Vrai, du Bien, qui pousse l'être jusqu'à l'extase, jusqu'au sacrifice. Comment ne pas croire qu'un tel être ne vive hors le monde naturel, alors que l'on voit journellement les animaux vivre impulsivement, sous la seule loi de l'Instinct.

L'on hausse les épaules et l'on rit — spirituellement — quand on lit les théories évolutionnistes, car il est très difficile d'admettre qu'un « gorille féroce et lubrique » ait pu être l'ancêtre de l'homme moderne si puissant, si noble. Grisés par le savoir, nous oublions seulement que nous sommes le produit d'une lente évolution, que le progrès ne s'est pas fait au hasard, mais selon les circonstances de temps et de lieu ; que nous avons été *obligés* de progresser, non que nous trouvions en nous les éléments de civilisation, mais *en dehors de nous* ; nous oublions enfin que, dans la société, un individu n'est rien par lui-même, mais seulement par l'ensemble des forces éducatrices.

C'est ainsi que le grave philosophe Taine est,

depuis plus de trente-cinq ans, considéré comme un ignorant pour avoir osé enfermer l'Art dans une formule scientifique : « Race, Milieu, Moment ». C'est encore ainsi que Nietzsche, l'un des plus grands philosophes, est lu par les snobs modernes qui lui trouvent simplement quelques mots alignés.

Une conséquence découle clairement de l'étude de l'histoire des théories philosophiques : c'est le déterminisme de chaque système. C'est là qu'il faut chercher la cause des erreurs de la critique en général. Il arrive toujours que le censeur, esclave de sa théorie personnelle, se place sur un tout autre terrain que l'auteur. C'est pour cela que les principaux philosophes ont été méconnus et jugés arbitrairement. Je veux parler de Condillac, de Kant et de toute l'école évolutionniste moderne : Bain, Mansel, Spencer, Taine, Nietzsche, et une foule d'autres. Tous ces philosophes se sont placés dans le domaine de la science et leurs contradicteurs, admettant *sans que cela soit prouvé*, que la pensée puisse se développer rationnellement, se portent dans une sphère absolument contraire : celle de l'imagination. Les premiers peuvent expérimenter, les derniers sont à chaque instant arrêtés devant le vide... Enfin, jusqu'à ce jour, tous les philosophes ont soupçonné la fameuse énigme dont la puissance détruirait définitivement l'orgueil humain. Condillac, surtout, dans son *Traité des Sensations,* a le plus approché du but. Kant, avec sa magnifique compréhension de la Raison, pouvait résoudre le problème : il a affirmé le déterminisme universel au nom de la Science ; il pouvait aller un peu plus loin et découvrir l'impulsionnisme. Mais il avait à concilier la Morale et la Nature ; il a reculé et inventé le monde des noumènes. Dès lors, il commença à déraisonner, lui qui, seul, avait connu les véritables limites de la raison. Depuis un siècle, le conflit se poursuit entre la Science et la Pensée.

Il a fallu qu'un penseur connu de quelques lettrés seulement, M. Ary-René d'Yvermont (1), après la lecture de Taine et de Nietzsche ait été frappé de tout le vide de la psychologie et de toutes ses solutions contradictoires pour que naquit l'*Impulsionnisme*, justification définitive de toutes les sciences évolutionnistes, principe suprême de toutes les sciences morales.

Il importe peu que la raison soit innée ou non (Kant *devait* inventer l'innéité pour pouvoir étayer son monde nouménal) ; il semble, en effet, que la raison a, de tous temps, consisté pour l'homme et pour l'animal dans le pouvoir d'équilibrer entre elles les fonctions dites d'acquisition et de restitu-

---

(1) M. Ary-René d'Yvermont prépare en ce moment un ouvrage psychologique : *L'Impulsionnisme et l'Artiste de Demain.*

2

tion afin de rendre la vie simplement possible dans
un certain milieu. La raison est naturellement donnée à tous les êtres vivants.

Qui refusera de croire qu'un chien, par exemple,
n'a pas la faculté de juger quand, se décidant à
faire une action, il se souvient, sous l'empire d'une
cause quelconque, du châtiment qu'il a précédemment reçu pour la même action ? Il est évident que
ce jugement est composé de l'assemblage de deux
sensations dont l'une actuelle : la vue, a provoqué
le souvenir d'une autre : la souffrance éprouvée
lors de la réception des coups. Le dressage des animaux est-il autre chose qu'un automatisme dû à
des associations de sensations ?

Mais la Raison humaine est plus compliquée :
elle ne discute que sur des idées, nées et provoquées, on le verra plus loin, par des sensations ; ce
sont les idées seules qui font croire au merveilleux
d'un monde moral devant lequel notre intelligence
s'extasie. Aussi, comprend-on de moins en moins
un Kant qui a failli douter de la possibilité de la
science, et un Nietzsche qui a osé avancer que
« l'erreur sur la vie est nécessaire à la vie ».

Il est toutefois permis de remarquer que la psychologie, cette science de l'âme destinée à servir
de fondement à la morale, se base sur un homme
théorique absolument inutile et sans raison dans

le monde. Cette prétendue quintessence du type humain non seulement est irréalisable, mais anti-naturelle, immorale : le problème historique de la formation de l'homme peut être vu sur toutes ses faces ; nulle part, et en aucun temps, on ne rencontrera cet être anormal.

II

DE LA CONNAISSANCE PSYCHOLOGIQUE

La Sensation. — Des observations fort curieuses
sur les enfants, que Taine a consignées dans son
livre *De l'Intelligence* (I, p. 357 et s*), il y a lieu de
tirer certaines conclusions.

Taine a remarqué dans l'enfant une tendance à la
généralisation des mots qu'on lui apprend. Quel
qu'il soit, le mot est appliqué à une sensation
déterminée, il s'y associe naturellement, non seulement à l'objet même, mais à tous les autres objets
qui lui laissent une sensation semblable. L'expérience seule, apportant à chaque sensation primitive, des données nouvelles, permet, si ces dernières
sont suffisantes, la distinction. Partout il y a association de *sensations simultanées* : visions et sons
dans la compréhension des mots ou bien dans le
système des associations auditives et visuelles,
déclanchées par une impulsion venue du dehors (la
vue de l'objet), du dedans (douleur ou faim) dans
la reproduction et l'émission des idées.

Il importe de se bien pénétrer que les mots rudi-
mentaires employés par l'enfant, se sont difficilement fixés dans son cerveau :

1° Par les sons qu'il a pu saisir en même temps
que la vision forcément générale d'un objet ;

2° Par les sons compris, c'est-à-dire saisis selon
leur intensité et selon leur simplicité, principalement d'après leur commodité de réception et aussi
d'élocution ;

3° Par l'expérience personnelle, que nous consi-
dérons comme un simple jeu, et qui associe en
lui, au hasard des objets mis à sa portée, une foule
de sensations différentes d'intensité et de nature,
éveillant sa curiosité, son besoin de connaître, de
comprendre. Il ne se lasse jamais, et prend un
plaisir nouveau, non pas à une sensation insolite,
absolument nouvelle pour lui (on le remarquera
aisément), mais uniquement à une sensation déjà
ressentie plusieurs fois. Alors seulement il a le
plaisir de la curiosité satisfaite, le plaisir de la
compréhension et de la découverte.

Les psychologues oublient bien volontiers cette
simultanéité embarrassante de sensations dans la
formation de notre mentalité, déjà préparée par
l'hérédité formelle de tout le système nerveux.

Parlant d'une enfant de trois mois, Taine (*De
l'Intelligence*, II, p. 162) écrit ceci : « Visiblement,

ce qu'elle a distingué, noté dans sa mémoire et reconnu d'abord, ce sont les voix et les visages. En effet, parmi les centaines de sons et de formes colorées qui frappaient ses sens, ce sont les timbres de cinq ou six voix et les formes colorées de cinq à six visages qui se sont répétés pour elle le plus souvent et qui, par leur fréquence et leur identité, ont tranché sur le reste. Vers trois mois, elle a commencé à tâter avec ses mains, à mouvoir les bras pour atteindre les objets, partant à associer aux taches colorées des impressions tactiles et musculaires de distance et de forme. »

Quant à l'émotivité, elle est essentiellement liée à des sensations déjà plusieurs fois ressenties, ou à l'apaisement des besoins corporels, ou à la satisfaction d'une impulsion qu'a eue l'enfant sous une cause déjà associée. Par exemple certain geste lui rappelle que, plusieurs fois déjà, ce geste a été suivi d'une action qui lui a donné un certain bien-être — comme le fait d'être porté —, plaisir toujours grandissant pendant un certain temps, mais pouvant par la suite être régularisé, ou disparaître selon la fréquence d'autres plaisirs, ou la non satisfaction du plaisir primitif.

Cette éducation rudimentaire ne fait qu'augmenter sans cesse l'expérience de l'enfant. Elle prépare le cerveau à recevoir l'empreinte de l'éducation scolaire. Jusque là, l'enfant n'a fait que jouer avec des objets, des enfants, des personnes. Ses parents lui ont fait prendre part à leurs propres émotions agréables (esthétique sommaire), par exemple à la musique d'un orgue de barbarie dans la rue, ou au passage de masques, d'ivrognes, de croquemitaines ; ils lui ont aussi montré des statues, des images, des animaux. Toutes ces sensations seraient nulles si elles n'étaient pas associées ; à cette condition seule elles entrent dans la mémoire pour un certain temps. En effet, il a fallu ressentir à la fois la vision de l'objet et l'audition de l'idée, c'est-à-dire le mot.

Tel est, brièvement exposé, le premier stade *tout individuel* de l'éducation de l'enfant ; son vocabulaire est, du reste, très restreint.

Un appoint considérable est apporté dans l'intelligence par l'éducation scolaire, tout automatique des débuts. A ce moment, de véritables idées s'impriment profondément dans le cerveau par juxtaposition aux idées apprises par le langage. Ici, la fonction d'émission (la parole) est mise en étroite relation avec la vision des lettres et l'audition par la voix du maître, ou par la voix des autres enfants de la même classe.

Plus tard, le procédé machinal ne change guère : les leçons données à apprendre sont étudiées « par cœur », c'est-à-dire comme une suite de mots appris et récités sans que le sens ait frappé. Mais, en

même temps, la sensibilité est fortement éveillée
par l'instruction morale ou religieuse.

Tout l'appareil de justice terrestre et infernal
trouve un terrain admirablement préparé pour les
émotions vagues, les craintes superstitieuses.
Quelle mère n'a pas fait peur à son enfant pour le
corriger, selon *son optique de mère,* en lui faisant
comprendre que Croquemitaine ou messire Loup
emportent les enfants qui ne sont pas sages? Les
sauvages, sur ce point, n'ont pas d'autre procédé.
A cet âge surtout nous constatons que nos émotions,
agréables ou douloureuses, se rapportent à la seule
conservation du « moi », au seul instinct de l'espèce.

Ces terreurs se rattachent à des fautes indiquées
par les professeurs ou les parents ; et, les mots
qui les provoquent s'impriment dans le cerveau
plus nettement, en raison de l'émotion ressentie.
L'enfant comprend très bien et dès lors peut mesu-
rer les conséquences des actes susceptibles d'avoir
un châtiment. Il les comprend parce que la plupart
de ces actes ont déjà reçu une sanction par le
ministère des éducateurs qui commencent à être
légion au fur et à mesure de l'élargissement de son
cercle d'action. Ce ne sont plus seulement les
parents, professeurs, prêtres, ce sont aussi toutes
les personnes qui les approchent et témoignent de
leur assentiment ou de leur mécontentement. Dans
tous les cas, et en toute circonstance, l'enfant peut,

par son expérience acquise, comparer le présent avec
le passé, se rappeler cette morale de terrorisation,
quand tel acte a déjà reçu une réprimande.

Tout alors a lieu au hasard de la plus forte
impulsion, car il ne faut pas se leurrer, le raison-
nement se fait sur de simples mots. Certains mots
antérieurement appris représentent la morale,
d'autres tentent d'expliquer l'action à accomplir.
Or, si l'enfant n'a dans le cerveau que ces seuls
mots : *c'est mal, je veux faire ça,* ces derniers, qui
sont plutôt impulsifs, plutôt visuels par l'objet con-
voité, prédomineront et accompliront l'action. Mais
si, à ce premier débat, d'autres mots plus émotifs
se sont associés comme le souvenir du châtiment,
le système moral l'emportera.

Dans l'éducation, tout est subordonné aux idées
et aux émotions qui accompagnent les objets. et aux
conséquences désagréables des actes impulsifs faits
sans réflexion ; non par défaut d'intelligence, mais
parce qu'aucun acte semblable n'existait précédemment. Outre les idées accompagnant ces émotions, il y a encore les images des objets ou des
actions qui se sont imprimées dans la mémoire en
même temps que l'émotion. Ces images qui, à l'âge
mûr ne sont plus de pures sensations visuelles
remémorées, ont un complément explicatif plus ou
moins vague se traduisant par des idées, par des
parcelles de mots associés avec l'image.

L'Idée. — « Une idée générale et abstraite est un nom, rien qu'un nom, le *nom significatif et compris* d'une série de faits semblables ou d'une classe d'individus semblables, ordinairement *accompagné* par la représentation sensible, mais vague, de quelqu'un de ces faits ou individus. » (Taine, II, p. 259.) Et, plus loin ·p. 261), après l'avoir démontré, Taine se résume : « Un nom de classe, le nom d'araucaria, prononcé ou entendu mentalement, c'est-à-dire un son *significatif*, lequel est *compris* et qui à ce titre, est doué de deux propriétés. D'une part, sitôt qu'il est perçu ou imaginé, il éveille en moi la représentation sensible, plus ou moins expresse, d'un individu de la classe ; cette attache est exclusive et n'éveille point en moi la représentation d'un individu d'une autre classe. D'autre part, sitôt que je perçois ou imagine un individu de la classe, j'imagine ce son lui-même et je suis tenté de le prononcer ; cette attache aussi est exclusive, la présence réelle ou mentale d'un individu d'une autre classe ne l'évoque point dans mon esprit et ne l'appelle pas sur mes lèvres. »

Les idées, on l'a vu plus haut, sont produites, chez l'enfant et l'illettré, par la simultanéité, dans la conscience, de deux sensations qui produisent l'une l'image, l'autre le son. Plus tard, l'étude vient ajouter à l'image, la *lecture* de l'idée. A l'observa-

tion, la pensée, quelle qu'elle soit, est une suite de
mots donnant *conscience identique* à celle ressentie
à la vision de ces mots ; plus ou moins forte selon
qu'une image vienne s'y adjoindre ou non. De même,
en écrivant, la conscience de l'idée produite par
l'imagination est semblable à celle de la lecture des
mêmes lignes.

Ce n'est pas en vain que les gravures appuient
les livres de science ; elles sont faites non pour
faciliter la compréhension, mais elles en sont la
condition nécessaire. Aux idées pures, correspond
ainsi une *réalité objective*, sensation qui s'associe
dans le cerveau avec l'idée, les mots qui la définissent.

Pour les pensées pures, c'est-à-dire pour les
pensées n'ayant aucun rapport avec la réalité naturelle — ce qui est le cas de la pensée philosophique
— la compréhension ou plutôt la vision du rapport
réel entre les idées émises, n'a lieu que lorsque
celles-ci correspondent, avec l'ensemble des idées
de même nature acquises au cours de l'évolution.
Là se trouve le secret de toutes les divergences
philosophiques, de tous les changements de détails
au cours de la carrière du philosophe ; non que sa
pensée « objective » devienne plus fine, mais parce
ses auteurs, ses observations, son expérience, son
tempérament résultant des circonstances de sa vie,
le portent vers telle conclusion qu'il croit « vérité ».

Et, pourtant, cette prétendue vérité aura un fond logique, non pas avec la nature ni même avec l'humanité, mais seulement avec sa propre *mentalité*. La discussion s'opère sur des mots, jamais sur des réalités, et le résultat n'est qu'une opinion donnée sur un fait imaginé. Le procédé et les conséquences sont semblables pour toutes les opinions des humains : je ne citerai que les opinions politiques !

L'Idée semble jouer le plus grand rôle dans notre psychologie ; elle s'associe à toutes les sensations pour les expliquer à la conscience et les faire entrer dans la mémoire, avec la pensée de l'émotion ressentie.

Elle est la formule du jugement sur nos émotions, sur nos sentiments, c'est-à-dire qu'elle est en nous la *traduction* de nos sensations agréables ou douloureuses. *Elle est elle-même*, devant une psychologie rigoureuse, *l'émotion, le sentiment ;* sinon nous n'aurions pas conscience de la nature du plaisir ou de la douleur.

Elle se confond avec la volition. Ce que l'on pense être la volonté, est une impulsion nerveuse qui prend pour conscience l'idée même, la suite de mots expliquant l'action à accomplir. Elle est la condition même de la volition.

Le rôle de l'Idée explicative est totalement méconnu en psychologie.

IMPULSIONS. — Les sensations, généralement, s'associent avec les idées qu'elles représentent ou avec d'autres idées qui viennent à l'esprit au moment de la sensation. Vous entrez dans un fumoir dont l'odeur vous rappelle le parfum du havane ; vous avez une impression agréable à laquelle peut se mêler le souvenir de tel ami, de tel objet, de telle idée, qui prédominait au moment où vous savouriez tel havane : la sensation olfactive s'était associée à la conscience de l'idée produite au même instant par le cerveau. Aussi était-il fatal que cette idée se reproduise avec chaque sensation identique.

Que de fois il arrive de trouver sur son chemin le sosie d'une personne très connue ; des souvenirs précis sont évoqués, on est attiré vers ce sosie, on lui cause... et l'on s'est trompé ! La représentation interne était pourtant juste : elle devait procéder ainsi, car le mécanisme de l'association d'images et d'idées était normal. La sensation ayant été identique aux précédentes, les idées déclanchées devaient être semblables aux premières. C'est du pur automatisme impulsif.

M. Ch. Féré (1), après avoir montré que la peur chez certains animaux a pour conséquence la des-

(1) *L'Instinct sexuel*, p. 65.

truction ou la mutilation instinctive de leurs petits, écrit :

« On voit la même succession de phénomènes émotionnels chez l'homme, aussi bien à l'état physiologique qu'à l'état pathologique ; un exemple fréquent, c'est celui d'une mère qui vient d'assister. terrifiée, à un accident dont son enfant a failli être victime ; sans qu'on puisse l'accuser d'autre chose que de faiblesse, elle se précipite sur lui avec l'expression de la fureur et lui administre une correction disproportionnée même à une faute grave. C'est un processus psychologique qui tient une place importante dans les manifestations si contradictoires des dégénérés qu'on voit s'emporter contre les personnes qu'ils chérissent le plus, pour la seule raison qu'une attention bienveillante a manqué son effet pour une cause fortuite. Ce sont, d'ailleurs, des faits qu'on peut retrouver dans la conduite de gens parfaitement sains. »

Cette mère qui bat ainsi son enfant qui a failli être victime d'un accident n'est pas un cas isolé : presque toutes les mères en sont là ; c'est une vengeance instinctive, une impulsion directe, car bien souvent aucune excuse n'est valable, pas même la prétendue désobéissance d'un enfant toujours irresponsable. La mère la plus intelligente, la plus morale n'échappe pas à cette impulsion ; on pourra dire que, si la mère réfléchissait, elle ne le ferait pas, cela est de toute évidence. Mais on peut se demander s'il est possible de réfléchir dans un pareil cas. La terreur morale, ayant troublé tous les sens, devait provoquer une réaction vengeresse ayant toute réflexion. L'impulsion était fatale, elle ne pouvait être évitée.

L'impulsion régit l'homme dans toutes ses actions, dans toutes ses pensées, ses idées. Tout en lui se produit au hasard des événements, des besoins. La plus petite sensation peut produire une idée mauvaise qu'aucune morale n'a le droit de blâmer ; cette idée était déterminée d'avance dans l'organisme par son association avec la sensation.

Ainsi, ce n'est pas à tort que les enfants jusqu'à huit ou dix ans prennent des baies de belladone pour des cerises et s'empoisonnent : la vue du fruit ayant provoqué dans leur esprit la vision même d'une cerise. Si, passant avec cet enfant devant une haie, vous lui montrez ces baies en lui disant qu'il doit se détourner, que, s'il en mangeait il mourrait, la représentation actuelle de ce fruit sera augmentée et ne pourra plus être reproduite comme celle des cerises. Aussi, chaque fois qu'il passera devant un pied de belladone croissant dans une haie, l'image du fruit provoquera l'idée de dommage, de répulsion et l'en éloignera.

Si, au contraire, vous lui dites seulement qu'il

ne faut pas en manger, sans autres paroles ou des
paroles insignifiantes que l'enfant n'a pas comprises, lorsque, seul, cet enfant repassera, il se
rappellera vaguement qu'il ne faut pas en manger.
Si cette représentation est semblable en intensité à
celle des cerises, il s'associera toutes les autres
sensations : le nom de cerise, la saveur du fruit ;
il sera fatalement attiré vers le fruit et s'empoison-
nera.

En un mot, l'impulsion se porte naturellement
vers la plus forte représentation actuelle ou précé-
dente, sans qu'aucun penchant ne doive y être rat-
taché, comme la gourmandise. Le penchant n'existe
que par réitération de sensations agréables.

Cet exemple est très simple et il est aisé de se
convaincre que le phénomène est toujours le même
si l'on suit un être humain dans sa carrière. Le
conflit intérieur établi ci-dessus n'est pas exprimé
en psychologie, étant donné qu'elle se croit obligée
d'admettre en principe la liberté de choix ou *libre
arbitre*.

LE SENTIMENT. — C'est ici qu'apparaît le plus
clairement le phénomène de l'impulsion. Selon les
circonstances de la vie, nous sommes attirés ou

repoussés par la vision d'un objet, d'une personne,
d'une action. Cette vision ne peut frapper que si elle
s'est produite antérieurement, si des idées précises,
des images détaillées s'y associent, ou si une émotion semblable s'est déjà produite. L'impulsion
(appétition, élan) est ainsi donnée en nous, et le
psychologue la comprend comme la conscience
pure d'un fait psychologique.

Il est manifeste que cette conscience s'appuie
sur des idées déclanchées par l'impulsion, car il n'y
a pas *de sentiment sans jugement* : l'illusion d'une
conscience pure est due au voile que le plaisir ou
la douleur a jeté sur le jugement. L'observation en
est aisée, par exemple, pour le plaisir du beau,
pour la haine, le mépris, la jalousie, l'inclination,
l'amitié, l'amour, et pour toutes nos passions. Dans
tous ces cas, on comprend tacitement plus que
réellement, mais toujours les idées explicatives
percent par bribes de conscience : l'homme est
trop impulsif pour avoir dans tous les cas la conscience de ses *idées de sentiment*. Il en est de même
des simples *jugements* ou des *idées* parcourant le
cerveau au hasard des impulsions : on les comprend plus que l'on en a conscience réelle, et
pourtant, ces idées accompagnent toujours les
sensations.

Pour qu'il y ait en nous un sentiment, il faut
évidemment que l'objet soit compris, c'est-à-dire

qu'il faut que, dans l'objet, quelque chose d'antérieurement acquis réponde en nous de la même
façon que cette acquisition nouvelle. En effet,
si, au cours de l'évolution mentale, rien de semblable ne fut ressenti, il nous est impossible d'avoir
un sentiment quelconque ; aussi, est-il de toute
évidence que tel objet plaira pour différentes raisons à différentes personnes, que tel fait produira
une réaction particulière à chaque individualité.

Tout est subjectif, car notre mentalité n'est due
qu'à l'empreinte des événements personnels.

Toutes les perversions, les prétendues dégéné-
rescences morales acquises n'ont pas d'autre source.
Tous nos plaisirs, toutes nos douleurs, en nature
et en intensité, n'ont pas d'autre cause.

Par là aussi nous voyons le bien et le mal comme
de pures conventions variant d'un siècle à l'autre
selon chaque peuple.

L'IMAGINATION. — L'importance de l'imagination,
surtout de l'imagination littéraire et artistique,
se restreint à la seule mentalité, c'est-à-dire
aux seules acquisitions faites dans l'individualité
au moyen des sensations : images, parfums, sons,
sentiments, goûts, émotions. Les idées expliquent

toutes ces modifications de la conscience en prenant le fond et parfois les détails de style des auteurs dominant dans le cerveau et déjà sélectionnés par l'esprit. Dans une *création* quelconque on ne peut employer, en effet, que les sentiments, les idées, les détails d'harmonie, de beauté déjà entrevus dans la vie ou dans d'autres œuvres, et ceci est une loi générale. Vis-à-vis de l'artiste ou du savant, l'imagination n'est pas, en réalité, créatrice ; elle ne fait que combiner les matériaux acquis par l'expérience et les restituer sous une forme originale.

Cette combinaison d'idées dans le cerveau de l'artiste s'opère selon son tempérament même, il peut perfectionner la forme avec le temps, mais le fond, les procédés demeurent invariables, à moins d'une émotion profonde ou d'une intuition ressentie devant une œuvre encore inconnue de son individualité. Les exemples ne sont pas rares d'artistes emprisonnés toute leur vie dans une éternelle formule d'art, leur idéal ; ils ne peuvent en avoir d'autre, *obligés* qu'ils sont de s'extasier devant la vision de leur âme, le symbole de leur beauté.

La fécondité de l'intelligence se conçoit seulement dans l'enchaînement des idées et des sensations esthétiques naturellement associées.

L'être humain *croit créer* lorsqu'il lui vient une foule d'idées pressées qu'il jette sur le papier,

oubliant son propre « moi », comme l'auteur dramatique qui, croyant perdre conscience de son
individualité, gonfle du souffle de son imagination un personnage inventé. Il n'y a qu'apparence
de création, le « moi » ne pouvant revenir qu'au
seul « moi » dans son impuissance à s'incarner
dans une autre mentalité, même idéalement.

C'est ce que Nietzsche a exprimé dans cet aphorisme : « La vie, fruit de la vie. — L'homme a beau
s'étendre tant qu'il veut par sa connaissance, s'ap-
paraître aussi objectivement qu'il veut ; à la fin, il
n'en retire toujours que sa propre biographie (1). »

Dès lors, on devine aisément ce qui, réellement,
sépare l'artiste de la généralité des hommes : *l'émotion devant la Forme.* Les idées pures sont le patri-
moine de tout individu qui a réussi à s'affranchir de
son milieu : le philosophe, le savant. Ces idées s'impriment dans le cerveau, sans forme, *sans image,*
sans émotion *directe ;* elles sont nulles. Les images
même qu'un artiste emploierait pour les extérioriser
seraient fausses, illusoires et ne satisferaient aucune
âme douée : l'œuvre serait vide, incomprise.

N'ayant d'autre fin que lui-même, l'art n'existe
plus dès qu'on veut emprisonner sa forme dans
une idée ; il se présente sous un aspect matériel,
savant, il a un but : l'idée. Dès lors, il prête le

(1) *Humain trop humain,* p. 420.

flanc à la critique, car on sait que les idées pures,
ne répondant à aucune réalité naturelle, peuvent
être toutes logiquement combattues et détruites
par une affirmation *contradictoire*.

Il est donc inutile d'insister davantage sur la
distinction artistique à faire entre l'idée irréelle
(fausse et inutile) et l'idée acquise par suite d'une
objectivation sensitive (forme, son, parfum) qui,
seule, peut donner une émotion esthétique pure dans
la contemplation d'une *vision*, même en poésie et en
musique. Ce serait nier l'Art que de réfuter cette
proposition.

Les Influences impulsives. — Sous le flux continuel des associations multiples de sensations
accompagnées de la plupart des idées qui les
expliquent, différant en intensité selon les individus,
les circonstances de l'impression, la sensibilité —
l'âme humaine ne peut avoir de responsabilité en
face de la Raison... Le libre arbitre ne peut exister
dans un monde où nos actions ne dépendent que du
hasard des impulsions, où nos pensées même sont
voilées par la sensation ou bien suivent *toujours* la
voie tracée par la multiplication des sensations de
même nature, physiques ou psychologiques.

Non seulement la société donne à l'homme sa vie morale, mais la Nature surtout impose sa volonté et perturbe la sensibilité, poussant périodiquement l'humanité au crime, au suicide, à la folie. Et, pourtant, la Raison est là pour contrebalancer l'action néfaste des passions en faisant éclore dans le cerveau les splendides théories morales, illusion d'une responsabilité affirmée hautement devant la croyance universelle.

Les erreurs du sens commun sont relatives à une fausse interprétation de phénomènes visuels, due à la persistance atavique de ces mots : « Je ne crois qu'en ce que je vois ». Ces illusions n'entrent pas en ligne de compte dans les arguments psychologiques. La certitude n'existe que dans la conscience d'un fait provoqué par une cause que l'on ne veut pas connaître et dans laquelle la morale n'a rien à voir : le déterminisme de la nature.

Cette cause provoque l'impulsion. L'homme est placé au centre de l'Univers et reçoit plus ou moins d'influences sensibles — qui se traduisent par des idées — selon sa mesure de nervosité. Quelquefois même, il amplifie les moindres ondes impulsives qui l'approchent, et montre ainsi une extraordinaire faculté de divination des événements.

Je ne veux citer que les pressentiments, les communications psychiques à des distances considérables parfois, comme une conviction soudaine que telle personne chère, dont on est éloigné, agonise ou rend le dernier soupir à ce moment précis ; les Pétrarque avertis de la fin de Laure ne manquent pas.

Une observation rigoureuse du mécanisme cérébral montre l'automatisme complet de cet organe au même titre que les indiscutables faits réflexes produits par la moëlle épinière. Il est admis, à la suite des expériences de M. Flourens, que la sensation n'est pas l'intelligence, et Taine a suffisamment démontré que le cerveau n'est qu'un « répétiteur des centres sensitifs » (1). Seulement, il faut concevoir que l'intelligence n'est que le succédané de l'impression ; bien plus, elle est la condition même de la vie indépendante. Si le psychologue veut différencier l'âme du corps, l'intelligence de l'impression brute, il lui faut avant tout diviser le monde extérieur en deux parties distinctes : l'une spirituelle et l'autre matérielle. Le caractère divin ou plutôt extranaturel attribué à l'Intelligence ne serait qu'une erreur, un manque de science, une valeur illusoire nécessitée par le besoin d'une morale.

Certes, nous ne nions pas la morale, mais nous ne pouvons lui admettre le droit positif et nécessaire qu'elle réclame ; son fondement certain

(1) *De l'Intelligence*, I, p. 275.

n'existe que dans l'*expérience individuelle*, tandis que ses affirmations générales ne doivent prendre qu'une forme artistique et variable selon l'esprit d'une race, d'une génération.

Ce serait aller bien loin que de conclure à l'impossibilité de toute morale et à la création continuelle de nouvelles valeurs. Jusqu'ici, les religions et leurs morales ne furent que des expériences, des moyens de vie. Qu'en reste-t-il, sinon le souvenir d'une duperie, d'une honte? Mais l'humanité ne peut éluder le destin : elle se tourne aujourd'hui vers la réalité, c'est-à-dire vers l'*apparence* psychologique, où elle n'a que faire, où elle ne trouve que déception.

Tout est nécessaire et tout s'enchaîne; l'individu ne peut être dorénavant cru responsable des circonstances où le plaça la vie. Le progrès insensible et mystérieux est laissé à l'aventure de forces qui, résumant l'intelligence d'une époque ou d'un lieu seulement, s'élèvent tout à coup pour précipiter l'évolution d'une race. Il nous faudra donc être convaincus que la morale — comme toutes les sciences inexactes d'ailleurs —· n'a pas de possibilité en dehors de l'art, quoique, déjà, elle soit une sorte d'art très inférieure, très inesthétique.

Elle repose sur l'illusion, le mensonge, l'imagination. Mais nous avons là une expérience fondée, une confirmation de l'impossibilité de mêler la réalité et l'idée pure dans une époque de critique à outrance.

Outre les impulsions données au cours de l'évolution par les forces individuelles ou les événements, il est encore d'autres causes de progrès, de régénérescence, dont la principale est la *sélection naturelle*. « Il serait même facile de donner des preuves que les unions qui résultent des tendances les plus instinctives, les plus impulsives, les plus systématiques, aboutissent le plus souvent à une dissolution ou ne produisent qu'une descendance défectueuse. Les dégénérés se cherchent et se trouvent ; ce n'est qu'indirectement que leur attraction systématique est conforme à l'intérêt de l'espèce : elle précipite leur élimination (1). » Il y aurait donc une morale fatale attachée à l'homme en dépit de toutes ses agitations stériles pour avancer vers le But inconnaissable. « La dégénérescence aurait, d'après Morel, une tendance à s'accentuer de génération en génération. Le terme de cette évolution rétrograde serait l'idiot qui, frappé de stérilité ou placé dans des conditions sociales ne lui permettant pas de se reproduire, constituerait le dernier rejeton de la race dégénérée. Cette marche progressive se rencontre assez souvent. La loi de Morel n'a cependant rien d'absolu. La dégénéres-

(1) Dᴿ Ch. Féré : *L'Instinct sexuel*, p. 15.

cence peut être efficacement combattue chez l'individu par une hygiène physique et morale appropriée et, dans la race, par des croisements favorables (1). »

Et je me vois obligé de conclure par cette adorable bouffonnerie de l'Ecclésiaste : « J'ai dit en mon cœur, au sujet des fils de l'homme, que Dieu les éprouverait et qu'eux-mêmes verraient qu'ils ne sont que des bêtes (2). » Un jour, nous le comprendrons, mais ce sera en « artistes ».

(1) J Rogues de Fursac : *Manuel de Psychiatrie.*
(2) *L'Ecclésiaste*, IV, 18.

III

EPILOGUE

L'Intelligence — l'organe qui coordonne les conditions propres à l'existence — est ataviquement
prête à recevoir toutes les sensations et à les emma-
gasiner selon des lois d'*association*. La conscience
comprend les nouvelles données suivant des lois de
juxtaposition avec les données antérieures de même
nature et demeurées dans la mémoire. La vivacité
de l'association ou de la juxtaposition des sensations est variable selon les êtres, au même titre que
leur force physique, et constitue l'inégalité foncière
des individus devant la religion et la morale.

On ne peut raisonnablement imputer à un faible
d'esprit la bassesse de son âme, la méchanceté de ses
actes, parce que la morale affirme que l'homme est
responsable envers l'homme : on oublie seulement
l'atavisme, les fautes de l'éducation, la prédominance
de telle sensation émouvante qui s'est ancrée dans
le cerveau au point de forcer l'être à croire à la

légitimité de cette idée. Le sens de responsabilité personnelle est oblitéré par une sorte de fatalité, il est nul devant une morale faussement décrétée objective.

Or, dans les débuts de son éducation, l'être humain conserve dans sa mémoire les sensations *associées* : l'image ou le son avec l'idée, le mot approprié, ou les sensations *juxtaposées* : l'image déjà vue, le mot déjà entendu, — le mot pouvant évoquer l'image ou l'image rappelant fatalement le mot si l'impression antérieure a été assez forte. Les émotions, plaisir ou douleur, dépendent alors de la conservation ou du refrénement des besoins, des tendances, des caprices sensuels du corps — satisfaction ou arrêt de la libre existence animale.

Cette correction toute physique des instincts appelle à son secours les enseignements de la morale, ou plutôt le sentiment, l'opinion des parents et des gens, ayant chacun une sensibilité différente, à laquelle s'est adaptée une morale personnelle *ad hoc* s'éloignant parfois beaucoup de la morale idéale. La crainte des châtiments réels ou la terreur mystique d'un au-delà de souffrances matérielles sont les agents ordinaires de cette morale. Ces enseignements sublimes ne sont que de vulgaires sensations de mots s'associant avec la possibilité d'un dommage corporel. Les idées de bien ou de mal naissent plus tard de la société quoique l'on soit obligé de les *affirmer* et de les *nier* à la fois, devant la raison. Mais une chose peut-elle être et ne pas être ?...

La morale pure et objective s'implante au cœur de l'homme par les châtiments ! Sans elle et sans son spirituel cortège de châtiments corporels, l'homm. n'aurait pas cette exquise sensibilité, cette délicate connaissance du monde extérieur : il faut donc sauver ce précieux joyau ancestral et le conserver pour le surhomme de l'avenir ; le sauver par les moyens de l'art, car le seul fait de douter d'elle et de sa réalité prouve bien qu'elle est fausse, si elle se donne comme une science. Nietzsche l'a ébranlée mortellement et, par là, son œuvre compte dans l'histoire de la pensée humaine.

L'observation la plus fine ne parvient pas à discerner si, dans le souvenir, la conscience perçoit l'image ou le mot : toujours est-il que, si l'on s'attarde à la pensée de l'objet, le mot est seul compris et l'image (produite ou non) reste inutile. Le sentiment est remémoré de la même façon, c'est-à-dire que les mots donnent conscience de ce que fut le sentiment ; ils le définissent, le circonscrivent, ils sont le sentiment lui-même.

Et, en effet, toute l'évolution se produit par association et par juxtaposition des données. Les sentiments et les sensations réclament de la mémoire, un jugement : cette idée ou cette suite de mots les explique ou les commente. Personne, en effet, se vantera avec raison d'avoir eu conscience d'un sentiment ou d'une sensation, touchant à la sensibilité par plaisir ou par douleur, sans le complément latent et même réel de l'idée.

La volonté elle-même a pour cause mentale l'acte qu'elle se propose d'accomplir, raison qui persiste encore pendant l'action sous forme de fragments d'idées à peine perceptibles ; les yeux suivent attentivement les détails de l'acte, inexprimables dans le langage, mais pénétrant dans la mémoire sous forme d'images.

« C'est dans la tendance naturelle des sentiments et des images à se traduire en mouvement que le secret des actes produits doit être cherché. Nous n'avons ici qu'un cas extrêmement compliqué de la loi des réflexes, dans lequel entre la période dite d'excitation, et la période motrice apparaît un fait psychique capital — la volition — montrant que la première période finit et que la seconde commence. » (1)

Il résulte donc, de tout ce qui précède, qu'il n'est pas un fait de conscience qui sorte des données acquises dans l'évolution. L'idée est placée dans la mémoire pour servir de critérium à l'activité ultérieure. Même, il est impossible à un être humain

(1) Th. Ribot : *Les Maladies de la Raison*, p. 180.

d'inventer quoique ce soit qui n'aie déjà un fondement dans son expérience personnelle : il ne peut
que coordonner des rapports nouvellement acquis,
avec les anciens rapports découverts au cours des
événements.

L'être s'étant façonné suivant les impulsions qu'il
reçut du monde extérieur, ne peut restituer ces
données que par de nouvelles i pulsions, dont
l'effet est seul conscient. L'âme est un réceptacle
de sensations; elle agit forcément sous l'influence
de la fatalité des circonstances de la vie, à tel point
que les plus graves résolutions sont presque toujours prises arbitrairement suivant leurs conséquences possibles.

Tous nos actes sont provoqués par des impulsions qui sont un commencement d'exécution quand
elles arrivent dans la conscience.

Si l'acte vers lequel on est poussé est nouveau
et ne rappelle rien, aucun obstacle n'arrête son
achèvement ; au contraire, l'impulsion vers une
action déjà accomplie précédemment est atténuée
par l'association des idées représentant le souvenir
de l'action antérieure la plus forte, la plus émotion-
nante. L'impulsion est retardée par la vision des
conséquences et des sanctions — mauvaise opinion
ou châtiment — et par la comparaison du présent
avec le passé. Toutes ces idées appellent naturellement les données correspondantes de morale ou la

pensée des effets immédiats de l'action : il y a doute dans l'esprit. Finalement, « le choix va toujours dans le sens du plus grand plaisir. Tout animal dénué ou doué de raison, sain ou malade, ne peut vouloir que ce qui lui *paraît,* au moment actuel, son plus grand bien ou son moindre mal. L'homme même, qui préfère la mort au déshonneur ou à l'apostasie, choisit le parti le moins désagréable. Le caractère individuel et le développement de la raison font que le choix tantôt monte très haut, tantôt tombe très bas ; mais toujours il tend vers ce qui agrée le plus. Le contraire est impossible. C'est là une vérité psychologique si claire que les anciens l'avaient déjà posée en axiome et il a fallu des volumes de métaphysique pour l'obscurcir » (1).

« Le caractère individuel — c'est-à-dire le moi en tant qu'il réagit — est un produit extrêmement complexe que l'hérédité, les circonstances physiologiques antérieures à la naissance, l'éducation, l'expérience, ont contribué à former. On peut affirmer aussi, sans témérité, que ce qui le constitue ce sont bien plutôt des états affectifs, une manière propre de sentir, qu'une activité intellectuelle. C'est cette manière de sentir, ce ton permanent de l'organisme qui est le premier et véritable moteur.

(1) Th. Ribot : *Les Maladies de la Volonté*, p. 30.

S'il fait défaut, l'homme ne peut plus vouloir : la pathologie nous le fera voir. » (1)

On le voit, la science de ce grand psychologue confirme les quelques observations rapportées dans ce livre. La conclusion la plus grave à tirer est que le libre arbitre ne peut exister dans l'être humain. La liberté demeure entièrement une illusion, par ce seul fait qu'un acte détache de la mémoire les idées de morale et de sanction, acquises dans la vie au contact de la société.

Si l'on s'arrêtait à une semblable vision de la vie, l'homme ne saurait être qu'une bête continuellement traquée par le destin. Mais son intelligence possède de merveilleuses ressources d'adaption et d'équilibre dont la principale est l'art, c'est-à-dire la sublime illusion de la supériorité sur l'animalité.

Aussi, nous trouvons beau l'automatisme parfait et compliqué des êtres vivants, le tragique sublime de la vie d'un être agissant impulsivement tout en croyant vouloir ses actes — héros aveuglé de gloire se jetant inconsciemment dans la mêlée. La vie est belle désormais pour l'artiste qui peut avoir dans son âme la *vision* du monde, embrumée dans le rêve et d'autant plus réelle qu'elle est dans son individualité. Ce pendant que le savant tente vainement

(1) Th. Ribot : *Les Maladies de la Volonté*, p. 31.

de s'objectiver, de forcer son regard clair à pénétrer l'énigme qui se cache dans la matière.

La science pousse l'âme en dehors du moi et la désespère avec son inaccessible idéal, tandis que l'Art n'existe que par lui-même : il reste devant les yeux de la conscience et se matérialise mystiquement, il console et permet la vie en la considérant telle qu'elle est, c'est-à-dire comme un spectacle artistique. L'artiste ne sait pas ce que vaut le monde ; il ne voit que son être et la *vision subjective* que lui donne ce monde. L'artiste est un dieu égaré dans cette humanité altruiste : il ne peut connaître et aimer que son moi surhumain.

Tout est digne de jouissance esthétique : le décor sublime de la Nature ; la vieille cité provinciale ou la grande ville, délicieuses lorsque vues à travers l'ivresse du printemps ou la sérénité de l'automne ; l'homme dans sa beauté et sa laideur très belle aussi ; l'âme et tous ses phénomènes contradictoires, ses plaisirs et ses enthousiasmes, ses chagrins et ses désespoirs, ses douleurs et ses révoltes. Tout est beau pour l'artiste, et la laideur n'existe que pour les regards froids et faux de l'homme de science avide d'inconnu.

La vie n'a pas besoin du bonheur que lui promet la science ; elle deviendrait vide et dénuée de sensibilité. Cela encore importe peu, car, de cette façon, la vieille culture scientifique se détruirait elle-

même : l'homme ne peut vivre dans l'apathie. Il lni
faut des sensations pour pouvoir conserver son
activité cérébrale ; bien plus, l'équilibre est naturel, car l'affectivité individuelle passe sans raison
connue de l'enthousiasme à l'abattement, alors que
l'humanité se lasse de la paix pour se jeter dans
la guerre. Les exemples journaliers de ces contrastes ne manquent pas et c'est une loi qu'il convient aux psychologues de formuler.

Toute l'activité psychologique de l'âme humaine
repose sur un coustant tourbillon de causes et
d'effets inconnus et peut-être inconnaissables. L'individu n'a plus désormais de relations avec une
âme non matérielle, ni avec un Dieu, souverain
juge; il se trouve dans la Nature au même titre
que le reste des êtres, il en est inséparable, « il est
un morceau de destinée », a dit Nietzsche.

L'expérience fournit à l'homme — par le souvenir direct d'un acte ou par le souvenir latent qui
fait le fond de son individualité, de son caractère —
un critérium suffisant pour faire face au hasard des
événements. Mais ce n'est pas un hasard véritable,
car la vie individuelle est déterminée d'avance par
les combinaisons nécessaires des forces naturelles.
Toute la nature est soumise au déterminisme et
l'homme seul n'en dépendrait pas?

La nature rectifie elle-même l'écart des impulsions et des divagations humaines, quelqu'éti-

quette qu'on leur attribue, mal ou bien, erreur ou vérité : « Tout est vanité. »

Il n'est pas permis à l'être humain de se diriger vers le but qu'il se donne ; son orgueil disparaît dans les tempêtes mondiales : la haine, la guerre, la révolution... Tous les sentiments sont la « parodie involontaire » de son Idéal.

Après de telles constatations, il ne nous reste plus qu'à rire de la vie, à rire à la vie, car elle est encore belle ; à rire surtout des prétentions humaines à la Connaissance, à la Vérité dans un *monde d'apparence où la chose en soi est elle-même apparence.*

« Il nous semble avoir devant nous un pays inconnu dont personne encore n'a vu les frontières, un au-delà de tous les pays, de tous les recoins de l'idéal connus jusqu'à ce jour, un monde si riche en choses belles, étranges, douteuses, terribles et divines, que notre curiosité, autant que notre soif de posséder sont sorties de leurs gonds, — hélas ! que maintenant rien n'arrive plus à nous rassasier ! » (1)

MAIS NOUS POSSÉDONS L'ART.

(1) Nietzsche. *Le Gai Savoir*, p. 384.

LIVRE DEUXIÈME

Quelques Notes sur l'Esthétique

LIVRE DEUXIÈME
QUELQUES NOTES SUR L'ESTHÉTIQUE

I

L'ART

L'art est dans la reproduction de la *Forme*, qui se présente à l'imagination de l'artiste sous l'influence d'une sensation quelconque, image, son et pensée.

L'intelligence n'accepte pas toutes les sensations que lui donne le monde : elle choisit, non celles qui l'intéressent, mais celles qu'elle est capable de percevoir, c'est-à-dire celles qui ont déjà un fondement dans une représentation antérieure de même nature.

Cette assimilation sensitive semble psychologiquement imparfaite, car le cerveau absorbe les matériaux sensibles dans tout leur arbitraire, leur signification vague, artistisque — puisque convenue et symbolisant l'inexprimable — donnant une forme

à l'amorphie et faisant ainsi de l'art par la trans-
formation d'une impulsion en idées.

L'art devient ainsi la seule fonction de la conscience, la seule fin de l'Etre humain, mais entre
cet art que l'on fait sans le savoir, comme M. Jour-
dain faisait de la prose, et l' « Art » plus élevé, il
y a une convention : *le Beau.*

Le plaisir du Beau n'a pas de caractère et ne
peut s'analyser en sentiment et en jugement esthétiques. Il n'y a que *sensation* ; le jugement étant
l'expression mentale, parfois perceptible, de la
sensation, n'intervient qu'accessoirement pour
déterminer la somme d'émotion produite par les
formes ou les idées entrevues. Par sa nature même
le beau est essentiellement subjectif, car on ne
peut admettre qu'un artiste seul, puisse juger sai-
nement de la beauté; encore y aurait-il pour chaque
artiste un jugement différent. Ce serait faux, car il
y a aussi des degrés de sensibilité d'après les individus : il y aurait un beau sublime, senti de l'élite
seule ; un beau convenu, agréable pour le commun.
Autrement dit il y aurait un beau artistique et un
beau pratique, selon le critérium déterminé par la
masse des mentalités — l'artiste, le philistin, la
populace. Ce beau est indéniable pour chaque
classe. Outre cela, l'artiste a connu les deux autres
beautés quand, au cours de sa jeunesse, avant de
devenir l'élu des muses, son ignorance le classait

parmi les philistins ou la foule : il brûlerait alors ce
qu'il avait adoré, puis il se gausserait avec raison
du Balzac ou du Victor Hugo de Rodin ? Non, le
Beau ne peut être que dans l'éducation, le tempérament, que dans l'individu.

Mais c'est un sentiment, dit-on, un plaisir attribué à l'âme, parce qu'inexplicable. De toutes
façons il faut reconnaître que ce plaisir est corré-
latif d'une représentation sensible, qu'il s'adresse à
une vision, une audition, une idée, reçues par
impulsion du monde extérieur ou provoquées spontanément dans la conscience par une cause sensible quelconque.

Il résulte de la théorie de l'*Impulsionnisme* qu'il
ne peut y avoir de type humain idéal, et qu'il
n'existe que des mentalités foncièrement différentes. Les psychologues exerçant leur « art », ont
spécifié les relations du corps avec l'âme et expli-
qué le sentiment du Beau. Il importe d'analyser
« notre Beau », c'est-à-dire de déterminer la Beauté
au point de vue individuel.

LA NATURE. — Le soleil exalte par le beau violent qu'il répand sur toute chose ; la brume et la
lune font rêver par leur beauté rusée, leur poésie ;

le beau énivre, la poésie grise. Dans la Nature, l'être oublie la société, la vie et lui-même ; il s'identifie au grand Tout, il se sent de même essence. L'individu disparaît devant l'infini, il suppute la volupté de mieux s'unir encore avec le foyer de sa vie, avec sa propre substance ; il veut aller nu sous la lune, se rouler frissonnant sur l'herbe ou jouer avec les vagues de la mer ou se plonger dans les eaux profondes et silencieuses d'une rivière glauque et fluide ; il redevient le satyre Grec et sent la sérénité baigner son âme.

C'est le beau absolu que l'on accepte dans son intégralité, avec tous ses détails inesthétiques : ce n'est pas un concept, c'est une sensation, une ivresse. Pour découvrir le « Beau » il faut surmonter le trouble et abstraire : il faut sentir et juger. L'homme interprète ses sensations, du moins celles qu'il comprend ; il crée inconsciemment autant de symboles que de jugements sur une impression : fort, il admire tout ce qui est puissant, vigoureux, il méprise le reste et l'appelle laid ; mélancolique, il aime ce qui penche vers le sol, il voit la synthèse de son « beau » dans tel arbre dont la branche maîtresse s'incline vers lui et s'étale en éventail comme pour l'apaiser ; s'il est en deuil et que la Nature resplendisse, toute son optique est bouleversée, il sent vaguement la joie autour de lui ; le contraste lui fait paraître tout étrange, inexpli-

cable, sublime. La Nature semble compatir à sa
douleur, et enfin, dans le mystère de l'ambiance
il oublie sa douleur même et ne voit que le Beau à
travers un état d'âme particulier; en un mot, il a
fait de la poésie impressionniste.

L'émotion esthétique dans la nature se produit
par similitude d'essence (caractère et état d'âme);
le moi a découvert son beau... La plupart des psychologues posent d'abord le Beau et en font dériver
le sentiment, puis le jugement.

CONTEMPLATION PURE. — C'est la jouissance dans
la vision des lignes, d'une œuvre d'art qui sortit
d'un Rêve d'artiste : Apollon ou Vénus, qu'importe ! c'est la contemplation qu'aucune idée ne
vient troubler, l'extase devant la Forme : c'est
l'Art pur, enfin.

Il faut être artiste pour avoir une telle émotion
devant une vision, il faut un idéal lentement acquis
par un exercice délicat de l'art : alors le beau, senti
dans l'ivresse du rêve, est le couronnement de la
vie, l'apothéose de la mentalité de l'artiste.

L'artiste a matérialisé son âme alors que le contemplateur semble adorer son œuvre propre, son
âme, identique à celle de l'artiste, comme si le rêve

venait d'éclore de son être. Il sent comme une force
le pousser à détruire ce chef-d'œuvre, le mordre,
non par sadisme intellectuel, mais de jalousie pure.
Reconnaissant la Beauté, il veut l'anéantir pour en
rêver seul, se donner une jouissance d'artiste, d'a-
mant, il veut égoïstement se venger par la volonté de
destruction — de même qu'en amour — de ne pouvoir être le seul homme qui pût avoir un tel amour.

Contemplation passive et jalouse que l'artiste
lui-même a ressentie devant son œuvre terminée :
lutte tragique entre l'adoration et le dégoût de la
vie, sous les yeux de la vanité toute puissante et
rédemptrice, à moins que l'imagination ne vienne
animer le marbre, tel Pygmalion épousant Galathée.

LA BEAUTÉ PLASTIQUE DE L'ÊTRE VIVANT. — L'émotion esthétique devant la beauté plastique, est de
même nature que celle que donne la contemplation
pure de l'œuvre d'art, de la matérialisation d'un
rêve ; le sentiment de jalousie inconsciente, attisé par
le danger de perdre l'objet de l'adoration, dégénère
rapidement en amour, en volonté de possession. Ce
n'est pas un amour réel et pur, mais un désir impulsif d'humilier une beauté que l'on sent orgueilleuse,
choc de deux volontés changeant ensuite l'amour

passionnément égoïste en haine profonde pouvant
s'élever jusqu'au crime.

La beauté plastique suppose un être fier, majes-
tueux, divin, strictement froid d'apparence et au
fond égoïste et fort : c'est la Beauté dans son insouciance et sa cruauté, défiant les dieux et les
hommes ; c'est l'être strictement équilibré, sûr de
son pouvoir, mais qui s'affole dès que l'on méprise
sa beauté : c'est l'Emire des caractères de La
Bruyère.

LA BEAUTÉ SENTIMENTALE. — La beauté sentimentale ou morbide de l'Etre humain est l'opposé de la
beauté plastique, non qu'elle ait des défauts d'harmonie, de ligne, de forme, mais elle est humble, ou
du moins tendre et souvent mélancolique ; elle est
le symbole d'une idée et l'émotion s'adresse à
cette idée plus qu'à la beauté des formes. L'être
est attiré vers elle par sympathie, un peu par
amour ; elle est charmante, mais elle n'est pas
une œuvre d'Art au sens strict, quoique l'amour la
fasse trouver « belle » ; elle donne l'illusion, la
poésie, et on l'aime d'autant qu'elle est plus frêle,
plus tendre. A ce sentiment se mêle la pitié, le
besoin de se consoler soi-même à travers la mor-

bidité de cette beauté — pouvant être découverte jusque dans la laideur.

Il est un cas ambigu de beau dans le laid : c'est lorsque par amour, l'individu veut exalter sa mentalité et éprouver sa force, ou par art pur (contemplation esthétique dégagée du désir charnel), ou par curiosité psychologique ou maladive bien digne de nos esprits détraqués.

LA BEAUTÉ MODERNE. — Elle tient de la beauté plastique par son allure fière, la pureté de ses lignes. Elle est frêle, élancée, flexible, fluide comme une créature de rêve dont les formes, à peine esquissées, évoquent le souvenir des formes idéales grecques ; mais elle est irréelle et maladive, comme lasse et désespérée de se trouver dans notre imagination. C'est la synthèse parfaite des plus exquises formes de notre humanité décadente, et devant elle la beauté plastique de l'Hellas perd ses droits ; aussi intéresse-t-elle surtout une étude psychologique approfondie de l'âme moderne.

L'ARCHITECTURE. — Nietzsche a écrit : « L'homme se figure que c'est le monde lui-même qui est sur-

chargé de beautés : il *s'oublie* en tant que cause de
ces beautés. Lui seul l'en a comblé, hélas ! d'une
beauté très humaine, rien que trop humaine !...» (1)

L'homme s'est naturellement adapté au monde, à
la Nature ; il devait refléter en lui toutes ses beautés, toutes ses laideurs, et se créer ainsi une esthétique instinctive qui lui servît dans l'architecture.
C'est ainsi que l'Acropole, certains châteaux, de
nombreuses églises ou des constructions comme
les murailles d'Aiguemortes, nous apparaissent
sublimes, d'autant plus que les idées évoquées par
la vision contribuent encore à notre émotion. L'artiste qui réalisa ces conceptions avait sincèrement
donné son âme dans un élan de foi, laissant à l'avenir le soin de juger son œuvre.

Il faut remarquer ici que devant ces constructions l'émotion esthétique appuie surtout une
idée : la poésie des souvenirs ou la situation même
du monument et des ruines, dans la nature, dans un
encadrement de maisons. L'objet en lui-même ne
donne parfois aucun sentiment de beauté. Ici tout
est relatif aux circonstances de la vie du spectateur, à la formation de sa mentalité, à son expérience. Les sentiments qui résultent de la vision
s'écartent davantage de la norme des esthètes, car
il y a bien plus d'abstractions à faire dans un

(1) *Le Crépuscule des Idoles*, p. 188.

b

pareil cas qu'en tous ceux où il est possible de juger le beau.

LE BEAU EXPRESSIF. — Dans certaines œuvres, on ne peut expliquer son sentiment par la seule adoration des formes, mais seulement par les idées, les sentiments personnels que l'on y place ou que l'on aurait voulu y dépeindre si l'on en avait été l'auteur. On fait alors une sélection mentale suivant les traits qu'il nous a été donné d'acquérir durant notre existence et s'appliquant au sujet développé dans l'œuvre d'art. Encore faut-il admettre qu'à ce moment l'on soit dans un état d'âme neutre, c'est-à-dire dans toute l'indépendance d'un critique sensible et savant. Il est clair, en effet, qu'il est impossible de juger de telles œuvres, plus poétiques que belles, si l'on n'a pas une certaine expérience de ce genre de poésie et d'art.

L'expressif, aujourd'hui, tend à absorber tout l'art, le poussant vers la décadence. L'art, à vrai dire, se trouve dans la réalisation d'une vision intérieure produite par une idée ou par un son. L'idée n'intervient que pour expliquer la vision en lui donnant une compréhension dans la conscience. Cette idée est absolument réelle, c'est-à-dire qu'elle

répond à un objet tangible qui, par ses formes,
domine dans l'imagination.

Au contraire, tout art pur semble disparaître de
notre horizon, la sentimentalité absorbe toute
notre activité esthétique: c'est le triomphe de l'idée
morale, de l'imprécision, du vide. Il est impossible
d'analyser un sentiment quelconque sans y trouver
tout autre chose, voire même la contradiction
de ce sentiment. Aussi, rien n'est plus vague
que ce plaisir ou cette douleur de l'âme dans
une circonstance donnée ; rien n'est plus stupide
que cette croyance à la réalité positive d'un
sentiment ; rien n'est plus inartistique, surtout
quand on le symbolise à la façon moderne. En sor-
tant de la plasticité pure, on s'adresse à la sensibilité individuelle que chacun comprend à sa
façon en mêlant une foule de sentiments que l'artiste n'a pas voulu exprimer. Et l'on ne veut pas se
rendre compte d'une telle décadence ; on proclame
au contraire que plus l'image aura de signification,
plus l'œuvre d'art aura de valeur. Il est inutile de
pousser plus loin, car c'est affirmer ainsi la supériorité de la Pensée sur le Rêve, du Vide sur la
Réalité, c'est mépriser l'Art au profit des spécula-
tions didactiques.

Le Beau n'existe que dans la vision, le Rêve, dans
tous les arts, même en poésie *où les idées ne servent
qu'à évoquer une image parfaitement définie* dans

l'esprit du lecteur, une image et non une idée nouvelle. Il en est ainsi de la musique et « même
lorsque le musicien a spécifié par des images
poétiques le sens de sa composition, s'il qualifie
une symphonie de « pastorale », s'il en intitule
une des parties « scène au bord d'un ruisseau » et
une autre « réunion joyeuse des villageois », toutes
ces indications ne sont que des représentations
symboliques *nées* de la musique, — et non pas
quelque chose comme une imitation de réalités
extérieures étrangères à la musique » (1).

Et Nietzsche affirme également : « Sans objectivité, sans contemplation pure et désintéressée,
nous ne pouvons même croire jamais à une activité
créatrice véritablement artistique, fut-ce la plus
infime (2). »

Dès lors, on voit que l'idée n'est qu'une duperie,
une simple fantaisie de dilettante, une nouvelle
opération artistique, une création (au sens réel du
mot) que l'artiste oublia, une invention, une association d'idées subjectives dans l'esprit du contemplateur. Combien d'artistes ont compris cet écueil
en entendant les jugements erronés des spectateurs
et combien, en effet, ont jalousement caché leurs

(1) Nietzsche : *L'Origine de la Tragédie*, p. 63.
(2) *Ibid.*, p. 52.

chefs-d'œuvre dans un atelier, au mépris de leur vanité.

Cette idée qui se dégage de l'œuvre, idée tout autre que l'explication directe de l'image, n'est même pas une création poétique : c'est une illusion, car on a également perdu dans notre époque savante le sens de la poésie. Et ce sera le mérite de l'École Néosymbolique de sortir de la modernité sentimentale pour faire triompher la *Forme*, l'Art, en un mot l'Idéal.

LE LAID. — En résumé, le Beau n'existe pas en soi ; il n'existe même pas dans *sa représentation* dans notre esprit. L'émotion n'a lieu que lorsque la vision actuelle déclanche des visions antérieures, pour l'art pur, et des idées nues, c'est-à-dire sans image déterminée, pour l'art sentimental moderne. L'homme ne fait que s'objectiver, donnant au dehors ses impressions : son âme artiste ou hypocrite, se trahit toujours.

« Le beau en soi » n'est qu'un *mot*, ce n'est pas même une idée (1). » La sensation est produite par juxtaposition et le plaisir est instinctif : ce beau sti-

(1) Nietzsche : *Le Crépuscule des Idoles*, p. 188.

mule la vie. Il ne faut donc pas s'étonner que le laid
du commun devienne beau pour l'artiste dont la
contemplation désintéressée n'évoque aucune idée.
L'artiste comprend le laid d'une tout autre façon :
il l'entend « comme un signe, un symptôme de
dégénérescence... Chaque indice d'épuisement, de
lourdeur, de vieillesse, de fatigue, toute espèce de
contrainte telle que la crampe, la paralysie, avant
tout l'odeur, la couleur, la forme de la décomposi-
tion, serait-ce même dans sa dernière atténuation,
sous forme de symbole — tout cela provoque la
même réaction, le jugement « laid ». Ici, une
haine jaillit : Qui l'homme hait-il ? Mais il n'y a à
cela aucun doute : *l'abaissement de son type*. Il hait
du fond de son plus profond instinct de l'espèce » (1).

Ce criterium de laideur est purement subjectif, car
de sa vision il peut se produire une image qui n'ait
aucun caractère de dégénérescence, image s'impo-
sant à la place de la représentation actuelle du
laid, réaction puisée justement dans cet « instinct
de l'espèce ».

En résumé, il est impossible de juger la laideur
objectivement. Les fautes de faiblesse, d'ignorance,
de goût dans une œuvre d'art ne sont pas des
découvertes pour nous, mais des différences de procédés ou des raisons cachées qui nous échappent par

(1) Nietzsche : *Le Crépuscule des Idoles*, p. 189.

manque d'expérience. En un mot, le jugement, quelqu'il soit, est appliqué selon notre mentalité, notre force, notre dégénérescence ; nous ne pouvons donner qu'une opinion motivée, mais jamais une critique sûre : c'est ce que l'on n'observe que trop rarement.

L'Art n'existe que dans la projection hors du moi d'une vision précise et tangible, dans la synthèse plastique du moi créateur de formes.

II

L'AME MODERNE

NIETZSCHE.

En art les goûts actuels de l'humanité sont devenus spontanés et disparaissent très rapidement, ils
relèvent du snobisme plus que de la sincérité. La
vogue de Nietzsche, après avoir pris des proportions
colossales dans le monde entier, diminue journellement sans que les admirateurs de la première
heure — qui d'ailleurs ne l'ont pas compris — aient
retenu de son œuvre autre chose que la partie pratique ; sans qu'aucune conséquence n'ait surgi,
sinon une connaissance un peu plus profonde de
l'âme. Son règne s'éteint dans l'ignorance moderne
pour éclairer une aurore peut-être très lointaine.
Silence forcé qui, du reste, est nécessaire, car,
n'ayant pas été préparés par l'évolution, nous ne
pourrions supporter toutes les conclusions de la

connaissance totale du moi sans sombrer dans la folie ; l'esprit scientifique n'est pas encore assez complet pour cette compréhension : le « Dieu ancien » répond toujours à notre atavique besoin d'adoration.

L'Influence de Nietzsche n'a porté que sur la forme de la mentalité. Les idées qu'il a tirées de l'observation psychologique ne sont en nous qu'à l'état d'idées pures, à l'état de mots, elles devront attendre une pénétration qui nous permît de juger, de comparer l'expérience et l'idée. Nous pressentons la vérité, mais nous ne la comprenons pas ; nous ne sommes pas assez *forts* pour harmoniser la vie avec la clairvoyance de la raison.

Même en esthétique, où pourtant ce philosophe a mis le plus de réalités, le plus d'espoirs rapprochés, il n'est à attendre que peu de profit pour les artistes. Et, pourtant, il y a dans l'origine de la tragédie et presque dans tous ses ouvrages, le germe d'une Renaissance artistique splendide qu'il nous est permis... d'abandonner aux générations futures.

Son œuvre ne pèse donc pas sur la modernité : l'on ne peut en tirer que des remèdes préventifs de décadence, des données de critique, des critériums même en matière de morale, de sociologie, d'Art.

Nietzsche a troublé un instant l'âme humaine ; il la fit descendre de son piédestal et la rendit plus ridicule qu'elle n'est en réalité ; au moment du délire nietzschéen, elle avait compris le vide moral qui l'entourait, le néant de son intelligence ; elle avait compris, mais elle retournait aux erreurs primitives et se murait dans l'indifférence, lançant à la vérité un vigoureux « qu'importe » !

L'artiste rendit plus vivace la tendance au mysticisme, à l'art, s'y cramponnant et la façonnant au goût du jour, c'est-à-dire à son goût pour l'idée, pour le vide, enfin pour toutes les irréalités trouvant un symbole dans un alignement de mots.

CARACTÈRES GÉNÉRAUX. — Il reste bien peu également de la décadence tant chantée par M. Jean Lorrain ; la lassitude générale a absorbé même la recherche morbide de sensations nouvelles. On se sent vaguement grotesque de pourchasser le frisson nouveau et, malgré tout, on a conservé quelques vices que l'on satisfait à l'occasion. Le monde est devenu plus sérieux, plus froid, plus renfermé : il est *incertain et recueilli* et presque *fataliste.*

Le « malaise profond » qu'a observé Nietzsche n'existe plus, ni même le dégoût, la misanthropie. L'individu sent autour de lui un vide métaphysique, un abîme qui le sépare du reste des hommes et en fait des objets indifférents ; l'altruisme devient nul et l'instinct individuel croit prédominer : c'est là une des erreurs modernes, une source de déboires, de désespérances. Qu'importe cette anarchie interne, cette aristocratie intellectuelle vraiment factice ; il suffit d'une ivresse endémique, d'une exaltation d'esprit, d'un enthousiasme quelconque pour infirmer le fameux principe d'individuation, ou du moins, donner l'illusion de le saisir en défaut.

Jamais la *croyance* n'a été aussi banale, aussi stérile, jamais la pensée n'a été aussi glorifiée. Les époques antérieures, au moins, possédaient le sentiment de la sensation, elles pouvaient *sentir ;* leur foi, leur émotion étaient motivées, répondaient à de fortes intuitions du corps, à des réalités externes. Mais nous ?,.. Nous croyons plus fortement que jamais au *néant* de la vie humaine, mais ne le sentons pas.

Malgré soi, l'on est aujourd'hui tenté de se replier sur soi-même et de se laisser glisser à la dérive, sans même voir l'utilité de réagir. Pourtant, l'Allemagne et la Scandinavie semblent revenir à une certaine classicité toute hellénique permettant encore l'espoir, alors que la France attend apathique et veule.

Enfin, tout est relatif et froid, insipide et inutile ;

religion, morale, science, art ne parviennent pas à
modifier le tempérament; on discute de tout avec
des mots et, si l'on est poussé à la lutte pour l'idée,
bien vite on se retire sans profit, sans héroïsme,
on crie davantage comme un roquet aboyant de
loin et l'on finit par se taire et s'endormir dans les
bras de l'insouciance.

Doit-on en conclure un dégoût désespéré de la
vie, le pressentiment d'un avenir malheureux ou
la croyance inconsciente, latente, de l'inutilité de
tout effort ? Ou bien Nietzsche a été mal compris, laissant dans nos esprits des conclusions
contraîres aux siennes, ou bien nous devenons de
plus en plus pessimistes devant cette seule
remarque : le manque de but de l'humanité?
Autant de questions insolubles et inutiles !

On ne peut qu'affirmer une recrudescence de
vanité et un penchant à la solitude provoqués par
le triomphe de l'individu, — exaltation que l'on a
tirée d'une fausse interprétation de Nietzsche,
excellent moyen de rompre avec une société mépri-
sable et injuste, cause éternelle de souffrance.

Aussi est-il permis à l'individu de railler, de
parodier la vie, de croire qu'il est impossible de
prendre cette vie au sérieux et qui, plus est, de le
croire sérieusement. Il est aussi permis d'être
artiste et mystique, et surtout d'être « Nietzschéen », car les conditions primordiales de l'Etre,

ses tendances réelles sont : l'individuation, l'art,
l'automatisme psychique, la mysticité. En un mot
l'erreur, l'illusion, ont définitivement droit de cité
vis-à-vis de la fatalité, de la superstition... artisti-
quement comprises.

Avec cela, l'on conserve de la veille une certaine
passion de la faiblesse, sadisme léger et raffiné qui
porte l'âme vers les êtres frêles, — éphèbes phti-
siques, jeunes filles débiles — sur lesquels s'exercent
la cruauté délicate d'un esprit supérieur qui ne
s'épargne même pas et cherche de la jouissance
jusque dans sa souffrance personnelle.

Il faut ajouter aussi en art, avec le goût du symbole idéal, une certaine faculté esthétique dans la
demi-vision ; la vision superficielle et érodée d'un
rêve obscur, la nécessité absolue de retrouver dans
l'œuvre de l'artiste moderne ses propres sensations,
ses propres idées. On veut sortir un instant du
spleen et de la banalité. C'est une recherche morbide d'émotions que l'on croit esthétiques, pour
satisfaire encore ce peu de forces qu'il reste à
dépenser dans une âme blasée.

Avant tout, l'on demande l'immatérialité artistique, la profondeur de l'idée, la candide pamoison
enfin devant un sens qu'il convient de donner à la
pensée pure : on veut la confirmation de sa noblesse
d'individu surhumain capable d'émotion spirituelle.

Mais que doit-on espérer d'une mentalité qui s'est forgé un art semblable, qui a devant elle un avenir d'automates savants et sérieux ?

La Culture. — « Cependant, le sens scientifique va devenant plus impérieux et amène l'homme à la science de la Nature et à la recherche historique, entre autres, aux méthodes de connaissance les plus rigoureuses, au lieu que l'art prend une signification de plus en plus faible et modeste. » (1)

Nietzsche s'est aperçu — après avoir espéré longtemps une « culture tragique » — que l'humanité s'acheminait lentement vers une culture rigoureusement scientifique « où l'artiste deviendrait un magnifique legs du passé » (2). Peut-on imaginer les résultats terribles de la culture scientifique ? Les tristes aventures de Nietzsche, de Rimbaud, de Maupassant et de tant d'autres, nous laissent peu d'espoir. Ces penseurs et ces artistes ne purent supporter la vie à cause de cette effrayante clairvoyance, de cette « loyauté irritable » que leur donna la science. Mais peut-être qu'à ces moments

(1) Nietzsche : *Humain trop humain*, p. 290.
(2) *Ibid.*, p. 216.

critiques l'homme, préparé de longue date, pourra comprendre sa destinée. « Effrayé et désappointé des conséquences de son système, l'homme théorique n'ose plus s'aventurer dans la débâcle du terrible torrent de glace de l'existence : anxieux et indécis, il court çà et là sur le rivage. » (1)

Pis que cela, il nous faudra un long apprentissage avant de pouvoir supporter la vie, avant de pouvoir vivre sans dégoût, sans honte ; il est vrai que l'atavisme moral nous emplit encore le cœur, mais rien ne prouve que nous pourrons rejeter ce fardeau. Que penser, en effet, de ce temps où l'être humain verra définitivement tomber devant sa science le fameux « monde en soi », où il n'aura plus « la vision des choses en soi » tandis que sa vision elle-même sera devenue fausse, illusoire et inutile ?

Nous possédons déjà la théorie de « l'hallucination vraie », théorie de Locke et de Kant que Taine a mise à notre portée, et dont il est impossible encore de saisir la profondeur. Une tout autre vie sera réservée aux humains le jour où ils auront conscience de cette vérité ; l'altruisme absolu, la pitié dans toute sa candeur révoltante, la tolérance universelle, la décadence irrémédiable, la fin de l'humanité dans la folie, — tout cela sera le digne

(1) *L'Origine de la Tragédie*, p. 167.

couronnement du plus tragique des sérieux, pessimisme effroyable, car la compréhension de l'état
humain ne sera possible que par la science, mais
alors le voile de l'apparence sera tombé. Décou-
vrant que l'homme n'est qu'un automate, et voyant
le dégoût affreux envahir l'âme, la science cher-
chera tous les moyens de prévenir cet automatisme ; elle le rendra aussi moral, aussi naturel que
possible, pour acheminer l'humanité vers le bonheur qu'elle a promis. Mais tout repos sera désormais perdu, l'artiste seul sera hors la loi naturelle
et scientifique — antinomie de la nature, — hors le
monde ; lui seul sera le véritable automate, l'individualité qui n'a d'autre souci que sa vision intime,
que sa jouissance : il sera un *dieu* parmi des fous.

C'est ce que Nietzsche a, je crois, pressenti, mais
heureusement, l'Art peut opposer à cette culture
savante des ressources secrètes de forces vitales.

Et l'on commence à toucher la cause de la chute
actuelle des religions : elles sont inesthétiques et
ne suffisent plus à notre sensibilité. Il nous faut
des émotions plus fortes, de véritables extases ;
leur art enfantin tombe devant notre indifférence,
notre apathie. En se drapant de certitude, elles
pâlissent devant la critique scientifique. L'œuvre
d'art défie le temps et la science.

L'homme a besoin de mythes et de mysticisme,
mais comme Art seulement, comme jeu, car il

6

n'aime pas être dupé, il est trop savant, trop critique. Aussi les religions sont-elles condamnées à périr tant qu'elles ne donneront pas esthétiquement la consolation que l'homme *se figure* avoir besoin.

Il y a donc beaucoup à espérer mais bien plus à redouter de la culture scientifique, surtout si elle parvient à tuer l'Art, le seul régénérateur, le seul but de la vie.

Et, en attendant mieux de l'Intelligence humaine, devons-nous nous rallier à cet aphorisme de Nietzsche (1) : « C'est seulement comme *phénomène esthétique* que peuvent se *justifier* éternellement l'existence et le monde. »

_____

(1) *L'Origine de la Tragédie*, p. 59.

III

L'ARTISTE

Type humain. — L'artiste est un Être organisé
pour la seule jouissance, même dans la douleur ;
pour lui n'existe pas la subtile distinction psychologique de l'âme et du corps : il n'a que l'âme, ou
plutôt son âme a envahi toute sa chair. Son visage
ignore s'il doit montrer à la vie, de la joie ou de la
mélancolie ; ses yeux durs, cruellement francs, ne
voient rien, ne reflètent rien que l'Infini, que le
Rêve. Pour lui, notre *monde de l'apparence* n'existe
pas, car son domaine, au moins, est palpable, éni-
vrant, son royaume est tout matériel, ou, ce qui,
dans ce cas, revient au même, tout spirituel.

Il vit en réalité solitaire, claquemuré dans son
âme, et pourtant nul plus que lui n'a besoin d'ex-
pansion ; nul n'est plus déçu quand il s'abandonne
à l'enthousiasme devant les profanes, les impies de
l'art que sont ses amis, ses proches, mais il a déjà
oublié sa désillusion et il se tait. Que lui importent

le mal et le bien, le faux et le vrai ; il aime avant
tout le monde pour toute la beauté qu'il peut y
placer, pour le délire qui l'étreint à son contact
vivifiant ; il ne peut vivre que par la force de l'Art.

En lui le Rêve que découvre la simple vision,
devient la Révélation métaphysique inaccessible au
savant ; le regard, un peu troublé, dévoile le mystère des choses, la laideur profondément belle de
l'Être humain. Ses yeux s'engouffrent dans le
sublime des yeux féminins au fond desquels il
guette l'Infini, la Vie, la Destinée. Sa volonté tente
de percer l'énigme éternelle de l'éternel vide qu'est
l'âme de la Femme.

Et cette attirance impulsive vers la plastique
Aphrodite, ne dément pas sa nature divine à
l'heure du spasme et rend son geste incomparable,
— automatisme suprême et délirant, — alors que
chante en son cerveau exalté une mélodie d'un
lyrisme éperdu, qui découpe dans le Rêve un bas-
relief phidiesque. Son âme pure l'élève par-dessus
la honte et le dégoût qui accompagnent la pros-
tration de la brute.

Malgré l'élan de tout son être sensible vers la
Beauté, malgré sa volonté d'anéantissement dans
l'univers, l'artiste reste seul. Il vit parmi d'inac-
cessibles fantoches vaniteux mais beaux, qui le
croient fou et l'excusent en prenant un ton bles-
sant. Il vit solitaire avec l'épouvante de sa soli-

tude, avec la souffrance de ne pouvoir surprendre
et aimer un être digne qui le comprît.

Et il fait éclore dans la pénombre bleue de la
scène cérébrale, des héros prenant des attitudes
nobles pour faire saillir leurs muscles nerveux, ou
pour mettre en valeur l'harmonie de lignes et le
ciselé des profils de déesse. Il poursuit son rêve et le
fixe, ne l'abandonnant que lorsqu'il en a joui de
toutes les formes, mais il l'a matérialisé aussi pour
pouvoir le revivre encore.

L'artiste est un monstre dans une humanité
immonde ; sa philosophie douce et résignée convient à un dieu égaré qu'ici-bas l'on vénère et l'on
craint, que l'on insulte même, mais en silence. Il
passe comme un étranger à travers l'injustice et le
tragique de la vie, s'abandonnant à des songes
olympiens et se consolant sans rancune, sans amer-
tume.

La Dégénérescence. — Par sa mentalité même
l'artiste — comparé avec le commun des hommes —
semble être un dégénéré, un monstre.

Mais y a-t-il des dégénérés, et qui a le mono-
pole de l'entité spirituelle idéale ? Il est évident
qu'il y a un critérium de dégénérescence phy-

sique, il y a des stigmates ; mais, au point de vue
moral, qui donc peut se dire normal ? Je crois plutôt que cette rareté reste le caractère des races
patriarcales ; des êtres naturellement instinctifs, ne
vivant que dans la Nature et n'ayant pas été atteints
par notre civilisation. Je puis citer les Monténé-
grins, et surtout les Albanais. Car nous ne pouvons
certes pas nous donner comme types, nous qui
sommes des impulsifs moraux, qui avons un passé
de vingt siècles de réfrénement naturel et de préjugés ridicules. Non, il n'existe aucun critérium !

La dégénérescence morale, au sens strict du mot,
n'existe pas, car, vingt fois par jour, on peut constater, dans l'individu moderne le plus sain, toutes
les tares qui rentrent dans la psychiatrie, absences
momentanées d'équilibre moral. Ces états ne sont
ni prononcés ni exclusifs, et montrent, néanmoins,
la nécessité d'une hygiène mentale très savante et
bien réglée, surtout en ce monde de lutte à outrance
pour la vie.

Il importe peu que l'artiste soit dégénéré ou
non, car il n'est pas plus responsable de sa faculté
de vision que ne l'est le philistin de sa stupidité,
les circonstances seules malaxant la mentalité.

Tout au contraire même, l'Artiste est « l'homme »
le plus normal qui soit, car il est le summum de
l'échelle des êtres vivants ; il est le terme le plus
complet auquel l'homme puisse atteindre, étant tota-

lement dégagé de la Nature en soi, il est le plus cérébral. Il voit tout à travers son rêve continuel, non le
rêve faux qui est permis au vulgaire, mais le rêve
réel, « *l'hallucination vraie* » dans toute sa profondeur. Ce qui le distingue de toute l'humanité, c'est
qu'au moins *il a conscience que le monde n'est qu'apparence.*

Ainsi l'on voit le contraste violent qui existe
entre le tempérament expansif de l'artiste et la
nature froide de l'homme de science, dont le regard
est clair, positif, inséparable de la chose en soi. Le
savant se trompe donc lui-même. Il reculera le
jour où sa science l'aura définitivement convaincu
que tout n'est qu'apparence et qu'il existe une
antinomie insondable entre son être et le monde.
A tout prix il voudra la connaissance, il errera
dans l'infini, l'inconnaissable, alors que l'artiste
n'aura besoin de rien que de son rêve, c'est-à-dire
de son moi, de sa *seule réalité.*

LE FOND ARTISTIQUE. — L'Art naquit du mysticisme humain, c'est-à-dire d'un état d'âme étrange
d'angoisse, de sublime véritablement artistique.
Cet état dégagé de toute matière a un fondement
dans le Rêve, la *Réalité pure,* en un mot dans la *Foi.*

Mais *notre* foi est vulgaire et fausse, car elle ne prend plus aujourd'hui que l'allure d'une simple idée, d'une vulgaire explication cérébrale, vide et inesthétique, comme le sont toutes les idées irréelles.

La *Foi*, sublime en sa naïveté, profonde en sa légèreté, était pour l'homme une source de jouissances incomparables et le poussait à matérialiser sa vision, le condamnait *à créer*, à faire jaillir l'art d'une âme forte, — impulsion irrésistible de *tout* l'individu vers la plasticité de la Beauté, vers la beauté même de son âme.

C'est ainsi que par les délires religieux et artistique, l'homme a surtout progressé, s'élevant constamment au-dessus de la brute positive qu'il est devant le monde extérieur. Le véritable élément spirituel de l'Etre humain est dans son mysticisme naturel, son Art. Mais « pour qu'il y ait de l'art, pour qu'il y ait une action ou une contemplation esthétique quelconque, une condition physiologique préliminaire est indispensable : *l'ivresse*... L'essentiel dans l'ivresse, c'est le sentiment de la force accrue et de la plénitude. » (1)

Cette condition manque souvent dans les productions modernes, généralement froides, inesthétiques, sentimentales. Ces productions s'évanouis-

(1) Nietzsche, *Le Crépuscule des Idoles*, p. 178-179.

sent devant la musique de Palestrina, la peinture
de Botticelli ou de Vinci, la cathédrale gothique, et
pour être plus moderne, devant le Faust de Gœthe.
Sommes-nous donc incapables, dans notre *progrès*,
de surpasser ou même d'égaler tous ces chefs-
d'œuvre ? Et ils sont légion dans le passé ! Mais où
est donc notre Beauté, et pouvons-nous seulement
comprendre le sublime sincère qui se cache dans
cet art devenu muet pour nous ?

L'artiste véritable procède religieusement au
développement de son rêve, tout comme le prêtre
fervent célèbre le sacrifice divin ; tout son Etre
concourt à cette action. Pour lui l'univers n'existe
plus en-dehors de lui, il n'a même plus de sentiments, de sensations, tout s'amalgame et se fond,
il est troublé, énivré. « Il s'abandonne aux choses,
il les force à prendre de lui, il les violente ; on
appelle ce processus : *idéaliser*. Débarrassons-nous
ici d'un préjugé : idéaliser ne consiste pas, comme
on le croit généralement, en une déduction et une
soustraction de ce qui est petit et accessoire. Ce
qu'il y a de décisif c'est, au contraire, une *formidable* érosion des traits principaux, en sorte que
les autres traits disparaissent. » (1)

Et la volonté est complètement étrangère à cette
abstraction grandiose qui s'offre naturellement à la

(1) *Le Crépuscule des Idoles*, p. 179.

compréhension de l'artiste. Il juge à travers le voile
divin que son exaltation étend devant un objet
qui — comme l'Univers, du reste — « n'existe
nulle part ailleurs que dans la pensée. » (1)

L'IDÉAL. — Une connaissance non artistique du
monde — c'est-à-dire un ensemble d'idées vagues et
imparfaites, aggravée du sentiment de faiblesse,
de méchanceté, donne forcément la pensée qu'il
existe un idéal, inaccessible à l'homme. Personne
ne peut atteindre l'idéal ; de tous temps l'on a ensei-
gné cette croyance, surtout dans les religions philosophiques.

Dès lors, on est en droit de se demander si les
grands maîtres de l'art, si ceux qui possédaient une
véritable force créatrice, avaient une compréhension nette de l'inaccessibilité à tout idéal, à toute
perfection ? Car il est certain que la croyance en la
faiblesse de l'homme ne peut exister qu'avec le
sentiment d'une différence, avec l'impossibilité de
rendre une vision telle que conçue ; or, justement,
la pensée de la perfection arrête le travail de l'artiste et l'abandonne enfin à la satisfaction, à la joie.

Il résulte que tout idéal est pour le *philosophe*

(1) Kant, *Prolégomènes*, p. 70. (Hachette et Cᵉ.)

incapable d'art, de jouissance saine devant la Beauté ou de *vie artistique dégagée de l'apparence,* la consécration même de son manque de force. Cette aspiration continuelle vers l'impossible, est une valeur fausse introduite dans la morale ; elle est destinée à l'usage des faibles et des lâches qui insultent ce qu'ils ne peuvent aimer — renards dépités qui murmurent devant des raisins trop haut suspendus : ils sont trop verts.

LES SUJETS. — Le grand défaut de tout l'art moderne réside dans l'abstraction comme point de départ de l'excitation esthétique, autrement dit, dans l'expression, *l'effet.* Un artiste sera ému, par exemple, par le regard de deux yeux verts, et il essaiera de rendre l'émotion qu'il a ressentie ; tel autre sera retenu par le reflet blanc qu'accroche le ciel sur le flanc d'un dôme ou d'une coupole qui lui semblent ainsi étranges ; tel chantera un état d'âme insolite, une vision exorbitante, ou mettra sur la scène une action rare qui ne signifiera rien que le monstrueux, le non déjà vu. En un mot, l'artiste est tenaillé par le besoin d'originalité, et même de scandale, symptôme de névrose plutôt qu'éclosion d'un art nouveau.

L'artiste, en effet, ne peut recevoir une impul-

sion, ne peut être touché, qu'en raison de sa sensibilité plus ou moins étendue ou raffinée par les
événements ; son être ne vibre que si une corde a
déjà été ébranlée, dégagée de la matière, de l'ignorance de tel fait émotif. Son émotion se produit
semblablement à celle des yeux qui, lisant avec
attention un poème, passent sur des images indif-
férentes et attardent leur compréhension sur celles
qui plaisent, qui trouvent un écho, un chemin frayé,
horizon infini mystérieusement dévoilé ; l'artiste
reconnaît ainsi son âme, sa mentalité, il a un critérium certain de sa valeur artistique, de sa santé
psychique.

Les sujets esthétiques, par conséquent, peuvent
être choisis avec circonspection, selon le *degré* d'é-
motion qu'ils produisent en l'âme, émotion qu'il
faut, en notre époque surchargée d'idées et d'abstractions, disséquer, pour ainsi dire, afin de la
retirer pure de tout ce qui l'accompagne : caresse des
yeux, plaisir des oreilles, compréhension de l'idée.
Il faut scinder cette émotion devant la *Sensibilité*
et le *Beau*, analyse impulsive en l'artiste complet.

L'art moderne se ressent encore de la déplorable
distinction psychologique de la sensation et du
sentiment(1). L'observateur moderne n'accepte plus

(1) Je veux bien admettre que la sensation est reçue
dans l'isthme de l'encéphale, et le sentiment élaboré dans

les sentiments tels qu'ils ont été déterminés par les
siècles précédents ; il ne les voit plus aussi purs,
aussi dégagés de la matière ; il se les représente
comme la vague explication d'un état nerveux
individuel ; état auquel fut donné un nom absolument vide se rapportant à une idée qui, ne rimant
plus à rien, est devenue, par l'évolution, inexplicable. Qui donc assumerait, aujourd'hui, la charge
de donner de tous les sentiments, une définition
précise, scientifique, une explication qui ne pût
tomber devant la raison.

L'art ne peut se lancer dans la voie du sentiment pur. Il ne peut abstraire le sentiment de sa
gangue pour mettre devant les yeux un idéal faux
et stérile, et, par ce fait, inesthétique. La sensation
même, abstraite (l'individualité, déroge à la loi
essentielle de l'art : la *plasticité,* loi qu'ont donnée
les grandes époques créatrices de Beauté.

le cerveau, encore que si l'on supprime les lobes céré-
braux, on supprime aussi la sensation. Ce sentiment a
pour cause une sensation actuelle ou un souvenir qui a
pénétré dans l'âme par le moyen de la sensation. Et la
preuve de l'identité de l'élaboration cérébrale dans le
sentiment et dans la sensation, est que dans leur réception ou leur reproduction, ils s'associent avec les *idées*
qui les expliquent mentalement.

L'ARTISTE MODERNE. — C'est à lui que l'épithèt :
« dégénéré » s'appliquerait avec le plus de jus-
tesse s'il y avait une norme morale. Il a contre lui
l'atavisme épouvantable de deux siècles, le dix-
huitième et le dix-neuvième, importants facteurs
de décadence ; siècles où s'épanouit la science, cette
corruptrice de l'âme qui déprave et déprime l'art,
le faisant malgré lui dévier de son but.

Le souvenir de tout un glorieux passé auquel a
succédé le vide, devait nécessairement aggraver le
concept Idéal et en faire une croyance positive. Ce
souvenir absorbant tous les cerveaux, leur donna
conscience de leur misérable situation morale et fit
jaillir enfin comme une force, un moyen de progrès,
le pessimisme. Cet état d'âme lui-même, dut varier
par l'influence optimiste du désespéré Nietzsche,
— laissant un espoir grandiose qui voile à peine la
plus affreuse des désespérances.

Aussi, l'artiste moderne devait fatalement héri-
ter de toutes les tares, de tous les dégoûts, de
toutes les rancunes d'une société lassée ; il devait
devenir dilettante, snob blasé et splénétique plus
qu'artiste. Ne pouvant comprendre l'Esthétique, ne
possédant rien en lui qui vibrât comme par le
passé, il ne put être qu'une sorte d'*artiste à froid*,
tirant de son seul savoir ses sujets et ne les déve-
loppant qu'avec le cerveau.

Sans cesse tourmenté par le besoin d'Idéal, de Foi, et dans l'incapacité — par faiblesse — d'y parvenir, l'artiste moderne s'est jeté sur l'abstraction, recherche morbide de sensations originales et déprimantes. Et exaltant par le livre, le pinceau, un moi détraqué que la vanité, la jalousie incomparables obnubilent encore, il est en perpétuel conflit avec les préjugés et les idées fausses qu'on lui inculqua par éducation. Il lutte avec l'infamie des gens, la stupidité de la société pour en arriver parfois au délire de la persécution, duel mental rendu possible par la clairvoyance d'un esprit savant.

L'artiste d'autrefois se contentait de son rêve. La civilisation seule est coupable de la déchéance de ses artistes.

Mais tant de contrastes sont accumulés, même dans l'artiste pur, qu'il est impossible de noter une psychologie quelconque. Que l'on se souvienne de la fameuse entrevue à Teplitz de Goethe et Beethoven — rencontre préparée de longue date et qui fut pour l'un comme pour l'autre une profonde désillusion — et de la retentissante séparation de Nietzsche et de Wagner. Peut-on voir dans ces inimitiés de la jalousie ou du mépris pour le dévoilement d'une âme nue d'artiste, aimée dans les œuvres mais honnie dans le tête à tête ? N'y aurait-il pas plutôt, dans le « malaise » qu'ils ressentirent,

une horreur analogue à celle de certains invertis
devant d'autres invertis ?

On ne peut alors s'étonner de la jalousie semblable qui sévit entre nos artistes modernes, créa-
tures se croyant ciselées de toute éternité parce
qu'elles sont devenues sensibles et sensuelles... par
cabotinisme et emphase devant la galerie comme
aussi devant elles-mêmes. Ces artistes promènent
leur névrose, le mal mystérieux qui les ronge, à
travers un monde fangeux, tout en pontifiant dans
les villes célèbres à côté des princes et des souve-
rains. A force de faire les importants, ils sont devenus
les importuns et les fats de l'art ; leur conversation est
ridicule : ils traînent sur des mots qu'ils scandent,
accentuent, rythment parfois comme un poème mal
fait, ils se souviennent toujours d'examens brillants,
de première place en grec ou en rhétorique, rient de
leurs propres bêtises qu'ils croient des traits d'esprit, ils voient des non-sens partout, ils assimilent
leurs confrères à des potaches ou des étudiants et
lancent à tout propos la scie des Tanagra, des
Greuze, des Gustave Moreau. En un mot, ils sont
bien modernes, ils ne déparent pas une époque où
celui qui fait le plus de bruit est le plus fêté.

Et combien d'artistes purs peut-on leur opposer,
des artistes qui savent vraiment ce que doit être
l'Art ? Il y en a, mais ils sont modestes et recueillis.

DÉBAUCHES ET NARCOTIQUES. — Ne pouvant atteindre à l'ivresse saine, ou cette ivresse ne suffisant plus pour rendre le travail imaginatif subtil et puissant, l'artiste a recours aujourd'hui aux poisons et à la débauche. Les hallucinations particulières aux narcotiques ont, du reste, été longuement décrites par nos auteurs. Ils ont cru trouver là l'inépuisable mine d'originalité, l'étrange, le monstrueux nécessaires à un public de snobs et de désœuvrés. Mais tout cela encore a vécu : la sensation nouvelle, le frisson inédit ont déçu l'attente des névrosés, car toutes les cordes émotives sont rouillées et ne vibrent plus que rarement.

Décemment, l'artiste ne peut plus recourir à l'éther, à l'opium et aux autres narcotiques pour exalter son imagination, mais dès qu'il veut créer, il reconnait la difficulté de trouver des sujets satisfaisants. Aussi, pour éviter les conséquences pathologiques de ces excitants tout en voulant entretenir la vigueur de son cerveau, il s'adresse à d'autres fontaines de Jouvence : la débauche. Mais ici se pose une question très délicate et peut-être insoluble : l'artiste est-il obligé de se dérégler pour dépenser sa force ou l'entretenir? Ou bien est-ce la débauche qui est une des conséquences de sa mentalité?

L'histoire nous apporte peu de documents sur la

vie sexuelle des hommes illustres, ou plutôt elle ne
résout pas cette question. Toujours est-il acquis
que la plupart des génies furent dévergondés, et
Pascal même laisse des soupçons tout au moins sur
sa jeunesse. Cela n'a rien d'étonnant, car le génie
quel qu'il soit n'approche que les êtres sensibles,
passionnés et forts. Il nous est donc permis de douter sérieusement sur la morale de l'homme de génie.
En art et en politique, nous pouvons même inférer
qu'une nature froide est incapable de se montrer
digne du premier rang ou de faire une œuvre d'art
parfaite. Une large exception doit seule être réservée pour le génie scientifique, que son tempérament
et son travail éloignent de la passion : la froide
observation est son seul but.

Le problème est aussi difficile à résoudre qu'inutile, car la psychologie nous apprend que l'ascé-
tisme et la débauche excitent également l'imagination. Je l'ai rappelé dans ces quelques notes pour
l'opposer sous une autre face plus réelle au parti
pris évident et à l'insuffisance d'observation scientifique de Bjornstjerne Bjornson dans sa brochure
Monogamie et Polygamie (1). De plus, cette question
est intéressante au plus haut point, car sa solution
rationnelle pourrait bien entraîner l'inutilité et

(1) Traduction Monnier et Montignac, p. 25 et suiv.

l'immoralité de la morale devant le développement de la force de l'homme.

Un autre point également délicat intéresserait une étude psychologique et morale de l'artiste : les psychoses de l'Instinct sexuel. Avant tout, il faut retirer de tout débat la responsabilité, parce qu'il est de toute évidence que là où il y a prédominance de sensations de même ordre il y a aussi force nerveuse équivalente attachée à la reproduction des mêmes sensations.

Car : « Plus un chemin (dans les cellules cérébrales) a été parcouru par les courants antérieurs, plus les courants ultérieurs ont chance de le prendre et de le suivre. D'abord, ils ne l'ont pris que difficilement ; ils ne l'ont pas suivi jusqu'au bout ; ils ne l'ont suivi que sous l'influence du cerveau et de la pensée. Après plusieurs tâtonnements et à force de répétitions, ils finissent par le prendre du premier coup, par le suivre jusqu'au bout, par le prendre et le suivre sans l'intervention du cerveau et de la pensée. » (1). Je trouve encore une autre confirmation dans J. Rogues de Fursac : « Le fétichisme fait souvent son apparition au moment même où l'instinct sexuel commence à se manifester. Le choix du fétiche dépend d'une impression qui, d'une façon toute fortuite, s'est associée à la

---

(1) Taine : *De l'Intelligence*, 1, p. 299.

première excitation génitale. Tandis que, chez l'individu normal, cette association ne laisse aucune trace, chez le fétichiste l'impression et l'excitation forment un couple indissoluble, de sorte que le premier élément appelle fatalement le second. » (1)

Quant à l'inversion sexuelle constatée en beaucoup d'artistes, surtout chez les femmes, elle est congénitale et très souvent acquise. Là, encore, les documents historiques font défaut alors qu'ils seraient probants en psychologie. Un fait cependant est significatif : c'est que la majorité des génies de l'Art est demeurée dans le célibat ; quant aux autres, ils ont rarement été fixés par la femme sans que toutefois l'on pût évoquer pour raison péremptoire l'indépendance de l'artiste. On connaît aussi les déplorables aventures de la femme, en Art ; mais, ici, on allègue la condition domestique et l'éducation des femmes.

Cependant, si tous ces problèmes recevaient un jour une conclusion, un grand pas — et peut-être le plus sérieux — serait fait dans la métaphysique de l'Art.

(1) J. Rogues de Fursac : *Manuel de Psychiatrie*, p. 276.

LA FEMME ARTISTE. — Dans l'éloignement de la femme de tous les arts, il faut voir plus loin que la condition et aller jusqu'au tempérament même : celles qui approchèrent le plus de l'art eurent de délicates pensées, des images simples et raffinées ; leurs œuvres sont de tout point comparables à celles qu'enfantèrent les peuples jeunes après la période épique. Telles Marie de France, Marguerite de Navarre, quoique leur art soit bien souvent surpris en défaillance ; mais cela importe peu devant le sublime des quelques images ou situations qui échappent à l'afféterie.

La préciosité, la froideur de la plupart des descriptions, la simplicité voulue, le style torturé jusqu'au naturel, véritable cuisine de bas-bleu vaniteux à l'extrême, dépare les quelques pages artistiques que l'on rencontre dans les lettres de Mᵐᵉ de Sévigné. Je passe sous silence Mᵐᵉ de Stael, George Sand.

L'écueil de la femme, en art, est la vanité qui peut même aborder un état maladif. Mais l'homme peut-il juger une production féminine sans se heurter à la volonté qu'a la femme de forcer, de violer son jugement ?

Encore une fois, l'Inversion psychique si répandue aujourd'hui est trop peu définie pour jeter quelque lumière sur le cas de la femme artiste, surtout à notre époque où quelques-unes essayent de se révéler dans le goût moderne, *mais...*

Peut-être aussi la femme artiste a-t-elle été calomniée outre mesure et a-t-elle hérité du souverain mépris qui pèse sur le bas bleu ; néanmoins, il lui est possible de remplir un rôle très honorable dans la culture actuelle.

Dans le *Crépuscules des Idoles*, on lit une fantaisie délicieuse, très vraie : « La femme littéraire, insatisfaite, excitée, vide du fond du cœur et des entrailles, écoutant tout le temps avec une curiosité douloureuse l'impératif qui, des profondeurs de son imagination, lui souffle : « *Aut liberi, aut libri* » : la femme littéraire assez cultivée pour écouter la voix de la nature, même quand elle parle latin, et, d'autre part, assez vaniteuse, assez petite oie pour se dire encore en secret et en français : « Je me verrai, je me lirai, je m'extasierai et je dirai : Possible que j'ai eu tant d'esprit ? » (1)

CONCLUSION. — Le but unique de l'artiste est de trouver dans la contemplation de son œuvre une jouissance ; à ce titre il peut être jugé par le psy-

(1) Le *Crépuscule des Idoles*, p. 195.

chologue quant à la valeur de sa mentalité. Étant
la résultante de l'éducation faite par la société, son
âme doit fatalement en être le miroir. L'esprit flot-
tant à une époque, et pressenti par tous les individus souvent comme un malaise, trouve en l'artiste plus sensible, son unique expression. Il en fut
ainsi de Faust, de Zarathoustra.

Le « Beau » moderne est donc symptomatique
de cet égarement, de ce trouble, de ce désespoir
qui ronge tous les penseurs. On peut hasarder le
mot décadence et, pourtant non, l'art ne le mérite
pas, car toutes les productions qui nous charment
aujourd'hui sont dues à une fausse science, à
l'ignorance de l'Art.

Il manque une étude psychologique approfondie
de l'âme moderne partant de tous les phénomènes
morbides que manifeste notre vie de lutte, de pessimisme, et qui trouvent leur sublimation dans
l'œuvre d'art. Le célèbre « connais-toi toi-même »
est digne de trôner sur la science ; il semble bien
moderne, mais s'il était appliqué il dévoilerait
quelques tares, quelques hontes.

Il est une école philosophique à créer directement sur la critique du Beau et sur la psychologie de l'Artiste. Par là seulement le philosophe, se
servant de son observation personnelle, pourra
s'élever à la connaissance des lois morales : au
moins il procédera sur la stricte réalité. Il aura

conscience d'un avenir quelconque, d'une direction
assurée dans tous les arts, c'est-à-dire dans les
sciences morales et dans l'esthétique pure, impulsion nécessaire qui nous enlèvera la pensée de
« Décadence ».

IV

ART ET CRITIQUE

L'Artiste et L'Esthétique. — Nous avons précédemment vu que la principale force de l'artiste est
dans la *Foi* se gie de la superstition individuelle.
Cette observation est tirée de l'histoire, quoique
le rétablissement de toute psychologie primitive
ne peut être qu'hypothétique. Je ne veux donc pas
me hasarder à rechercher les origines de l'Art ;
néanmoins, il est un point important qui mérite
l'attention : l'art est-il une imitation de la Nature ?

L'artiste a, en effet, une extraordinaire vision
du monde extérieur, vision avec laquelle est *latente*
la pensée que tout n'est qu'*apparence*. Il ne peut
voir les objets froidement, en observateur, car
la beauté seule l'approche, *s'impose* à son attention, à sa sensibilité et lui ouvre un horizon infini.
Dès lors, il ne peut imiter, au sens *objectif* du mot,
il ne peut que rendre sa sensation intime, c'est-à-
dire une beauté particulière à son moi esthétique et
mystique.

Dans l'élan passionné de tout son être, l'artiste a déformé la nature et il est clair également que, voulant matérialiser son rêve, sa sensation de beauté, il ne peut créer autre chose qu'un symbole. Cette création plus ou moins parfaite évoquera une nouvelle vision toute différente, non à cause de son impuissance à donner à l'œuvre un souffle vital qu'elle n'a pas besoin, mais parce qu'uniquement il a conscience d'avoir devant lui un symbole qu'il pourra désormais contempler.

A ce point de vue, la musique serait l'art le plus impulsif comme elle est déjà l'art le plus complet. L'artiste se sert de l'ivresse même qu'a produite la beauté pour faire jaillir de son âme la mélodie. Le Rêve en son cerveau incarne son art, il devient la mélodie elle-même, non dans la description des formes par le rythme seul, mais par un simple *mécanisme automatique,* comparable au déclanchement fatal de l'idée sous l'impulsion de l'image : en un mot, la musique est l'art *humain* par excellence (1).

Le même phénomène se produit dans le poète digne de ce nom : la création poétique est très

(1) Je justifie ainsi la pensée de Nietzsche : « Les images ne sont que des représentations symboliques nées de la musique. » (*Origine de la Tragédie*, p. 64) J'ai, du reste, rapporté cette pensée dans les notes précédentes (voir p. 68).

simple, mais il faut être artiste pour faire jaillir la
beauté d'une image comme aussi pour jouir saine-
ment de l'œuvre des artistes.

L'œuvre d'art est composée sous l'empire de
l'enthousiasme ou de l'ivresse et n'admet d'autre but
que le Beau ; on ne saurait donc lui assigner une
formule rigoureuse qui put servir de base à la critique. Au contraire, l'artiste doit s'affranchir des
préjugés et des procédés chaque fois qu'il en sent
le besoin ; il doit créer la forme en même temps que
le fond, car il n'a qu'un critérium : son rêve. Le
reste n'est qu'inutile concession.

Par conséquent, l'Esthétique pourrait être scin-
dée en *Art du Rêve* et en *Art de l'Idée* suivant que
l'œuvre — peinture, poésie, musique — exprime
une *vision symbolique* ou une *pensée*. En réalité, la
forme seule est chantée par l'artiste, mais la Pensée
mérite une certaine distinction suivant qu'elle
s'adresse à l'image ou à l'idée pure. Je ne crois pas
que cette dernière soit totalement inesthétique car,
bien souvent, une certaine forme s'y mêle, par
exemple dans certains sentiments qui, d'ailleurs,
n'ont de valeur que dans un mouvement, un rapport de formes ; en réalité, il y a image, mais c'est
une image anémiée, impure, abandonnée aux
artistes moyens qui composent *à froid ;* elle est
l'écueil de l'Art, principalement de la poésie.

Dorénavant, une division rigoureuse est utile en

critique : l'*Idée* et la *Plastique,* suivant que domine le sentiment ou la vision. On ne doit cependant pas perdre de vue que l'Art pur est seulement dans l'expression de la Forme.

LA PEINTURE ET LA SCULPTURE. — Tableaux et statues dénotent une pauvreté d'invention remarquable : c'est le triomphe de l'instantané, pris au hasard de l'excursion sociale... pour user une plaque et perdre le temps. L'artiste recherche le plaisir, la caresse des yeux plus que l'émotion de l'âme devant le Beau ; il confond le tout tandis que les maîtres s'attardent ou à copier fidèlement la réalité ou à tourmenter l'expressif, ou à rendre l'homme monstrueux : ils suivent à peu près tous la mode.

Quelques peintres cependant — ils sont rares et ce ne sont pas les plus cotés — se souviennent que la peinture peut être poétique et que, d'une toile, peut s'évader, dans l'esprit du spectateur, un adorable poème ou plutôt le souvenir d'une foule de sensations. De cette façon, l'artiste se réserve au moins avec justice, l'estime et quelquefois l'admiration du contemplateur.

Mais, devant l'avalanche de toiles inesthétiques,

on se demande si, vraiment, il n'est pas né un art nouveau, d'autant plus qu'on ne peut vraiment pas douter de la sincérité de l'artiste. Mais notre siècle est-il supérieur à tous les autres ?

Nous savons que les œuvres des maîtres d'à présent ne peuvent être comparées à celles du passé. On chercherait en vain aujourd'hui la merveilleuse symbolique que les primitifs même attachèrent aux moindres détails. Tout se tient, tout a une *raison d'être*, mais on ne les comprend pas.

Le portrait moderne surtout laisse une impression pénible : il est trop crû. L'artiste *ne connaît pas l'âme* de son modèle, il ne met pas ou ne peut pas mettre sa vision interne d'accord avec son œuvre et il n'en soigne pas le fond. La grande question du sentiment dans le portrait reste à résoudre : le visage doit-il refléter un état d'âme sentimental ou doit-il être froid tandis que le fond dévoilerait l'âme du modèle ?

D'après la définition même de l'Art, l'émotion esthétique pure s'adresse aux lignes, aux couleurs, aux formes, enfin à tout ce qui est matière. En effet, le sentiment que l'on rencontre tous les jours est banal, quand il n'est pas illusoire. Il arrive que la conscience, viciée par l'émotivité sentimentale, reçoive d'abord et exclusivement le sentiment : l'émotion n'est pas esthétique et cela est l'excuse des fautes de la critique.

En sculpture également, nous nous éloignons du
rêve : le sentiment et la science anatomique, prédo-
minant dans les esprits, il n'y a pas lieu de s'étonner des erreurs d'artistes. La beauté n'arrête pas le
contemplateur ; bien au contraire, quelque chose
de morbide et d'indéfinissable se mêle à l'admiration, une sorte d'élan sauvage, de trouble, de désé-
quilibrement de tout l'être ; mais nous sommes
supérieurs, nous, et je ne crois pas que nous ayons
besoin de prendre pour modèles des Grecs ou des
Italiens : ils n'ont pas compris l'art !

Il est inutile de parler de l'impressionnisme : on
ne peut juger, car les manifestations sont encore
insuffisantes, quoique, dans cette voie, il y ait
tout à tenter et tout à espérer.

Musique et Poésie. — C'est en musique que
Nietzsche a donné ses idées les plus positives.
Aussi, le musicien lira-t-il avec profit son admi-
rable étude sur l'origine de la Tragédie.

Néanmoins, la musique puise sa source vive dans
le langage. La mélodie — comme du reste Nietzsche
le constate — est directement liée au Verbe. Et
cela est très important, car l'esprit humain se
façonne suivant la langue ; nous l'avons déjà vu,

les images et les sentiments ne se produisent pas
à l'état brut dans la conscience, mais ils sont expli-
qués, accompagnés par des idées qui ont été for-
mées par l'impulsion des sons entendus dans la vie.

Le caractère des peuples peut donc très bien se
déduire d'une *étude psychologique et historique du
langage* et bien des énigmes, en esthétique surtout,
pourront peut-être un jour disparaître.

L'enthousiasme, l'ivresse tendent à se transformer musicalement dans l'âme de l'artiste en mélodie
pure ; l'âme elle-même se donne, s'évapore, semble
planer au-dessus du monde. Son chant intérieur
domine le vacarme de la foule, le tumulte des sentiments et résonne dans la solitude, tragiquement
répercuté par l'écho ou sourdement perdu dans l'infini.

Aussi, l'enthousiasme a des effets singuliers sur
l'inspiration impulsive ; il force la mélodie à peser
sur les *détails* du rêve : les abstractions les plus
belles, les sentiments les plus touchants, en un
mot sur l'impulsion la plus vive. Non pas seulement
pour indiquer le rythme, mais surtout pour sus-
pendre à cette exaltation le sens de la phrase musi-
cale, accentuation particulière qui ressemble à une
fin de vers sonore.

L'exemple nous est donné par la plupart des
musiciens hongrois : leurs œuvres nous plaisent par
leur originalité, alors qu'au fond il faut voir une

musique sincère, presque dionysiaque, avant tout spontanée, sauvage, impulsive.

En poésie, l'enthousiasme a des conséquences analogues et, bien souvent, le lyrisme est ainsi scandé. Qui donc, au son d'un piano ou au bruit des cloches, pensant soudain à une femme aimée, n'a pas frémi par tout son être d'une jouissance extrême, d'une exaltation mystique sublime ?

Et cela est naturel, car, sous l'empire de l'ivresse artistique, les idées et les images deviennent plus souples, plus raffinées, plus profondes, le cerveau déborde de pensées et s'attarde à ce qui lui rappelle ses plus délicieuses impressions.

Là seulement, l'esthéticien pourra chercher le secret du rythme musical et poétique, et bannir de l'Art avec raison l'œuvre des artisans et des artistes à froid.

LA MUSIQUE DRAMATIQUE. — Le public, déjà, se lasse de l'opéra tel qu'il est aujourd'hui composé et il est clair que ce genre ne tient encore debout que par l'estime accordée en raison des retentissants succès du siècle dernier.

Le compositeur français doit, avant tout, accuser de ce discrédit naissant le librettiste, bien que

l'opéra tel qu'il est compris, soit totalement anti-
artistique. La pauvreté d'expression et d'invention
dramatiques du livret est proverbiale, et parfois,
l'on se demande comment un musicien de talent ait
pu broder sur de telles banalités. Piètres versifi-
cateurs, méchants poètes, mauvais dramaturges,
les librettistes sont parvenus à imposer leur technique aussi savante que fausse à des compositeurs
incapables de créer un drame ou de composer une
symphonie.

Le spectateur également est coupable de mauvais
goût et d'ignorance : il ne sait pas pourquoi il va
entendre une œuvre lyrique. Il aime une voix
solide, une orchestration originale, une mise en
scène prodigieuse, des décors féériques et, par-
dessus tout, des tours de force vocaux. Le dialogue
et l'action dramatique ne l'intéressent guère et il
ne voit pas même la nullité extraordinaire du jeu
des acteurs.

En un mot, dans l'opéra tout concourt à la néga-
tion absolue de l'art, à l'assimilation de l'art au plus
vulgaire des métiers.

Dans de telles conditions — et en attendant
mieux — la pantomime doit avoir toute notre sympathie : elle se rapproche le plus du rêve. Au moins
le geste des acteurs suit la musique, quoique le
musicien, pour donner une œuvre complète, dût

aussi composer le livret et la chorégraphie; mais ce serait vraiment trop lui demander.

Quand à l'opérette, on la croit morte et, pourtant, elle convient parfaitement au génie français : il n'y a plus de librettistes ni de compositeurs dignes d'élever cette gracieuse fantaisie au rang d'un art véritable. Les beaux jours de l'opérette reviendront-ils en se drapant d'une forme nouvelle?

Peut-être bientôt l'artiste comprendra son rôle véritable et fera jaillir spontanément de son âme une œuvre lyrique complète comme l'a fait Wagner. Mais Wagner était génial...

Le Théâtre. — L'art dramatique ne témoignera jamais assez de reconnaissance à M. Catulle Mendès pour la lutte courageuse qu'il a engagée avec le vaudeville et le mélodrame, lutte dont il est sorti victorieux. Mais, hélas ! la comédie et le drame ont laissé pénétrer en eux l'âme des proscrits.

Un véritable chaos règne au Théâtre. La technique cependant commence à évoluer vers la simplicité, vers le tragique sentimental, non d'un cas spécial, mais d'une catégorie de cas, d'une généralité. Et ce mouvement à peine perceptible est dû à Ibsen, à Hauptmann, à Maeterlinck, quoique, en

France, leur compréhension ait été faible. On en arrive donc insensiblement à la psychologie génégale, à un genre de tragique, pessimiste plutôt que fataliste, et, si peu que l'on approchera du tragique *plastique* des Grecs, l'évolution dramatique sera complète, la tragédie sera redevenue un art.

Toutefois, on peut douter de cette éclosion si l'on considère le peu de valeur tragique qu'il est permis à nos artistes blasés d'assigner à la vie savante, d'autant plus qu'ignorant l' « art » ils ne savent bâtir une tragédie : ils emprisonnent dans le convenu ce qui *ne doit avoir d'autre but que le tragique*.

« L'art du tragique consiste à éveiller un plaisir tiré de la douleur, de l'émotion en général. » (1) Peut-être tout le drame moderne part d'une idée fausse : *l'imitation de la vie*, alors que l'art désirerait *la vision métaphysique de la vie*.

Comme on le voit, une telle conception nécessite l'emploi de *symboles*, de types généraux d'humanité supérieure agissant sous l'empire d'un *mythe*. Encore faut-il créer une poésie plastique intégrale, poésie et musique concourant à former une *vision*.

Selon les lois éternelles de l'art, la thèse ne peut envahir la scène et la transformer en tribune. Bien souvent il arrive que le sujet qui la corse n'est pas dramatique, mais vide, ennuyeux, quand il ne

(1) Nietzsche : *Humain trop humain*, p 135.

laisse pas une sensation pénible qui n'a rien à voir
avec l'effet qu'a désiré l'auteur.

Mais, à quoi peuvent bien songer les auteurs
dramatiques quand ils se mettent à leur table de
travail, et quel est leur but, quelle fin se propo-
sent-ils ? Ce serait, certes, très amusant de noter
leurs réponses : on serait fixé au-delà de ses
désirs. Aussi faisons-nous des vœux ardents pour
que la fantaisie d'une telle enquête passât à travers
le cerveau d'un psychologue ou d'un esthéticien.

Toutefois, bien que ne voulant, ou plutôt ne
pouvant faire de l'art, nos auteurs dramatiques
devraient tout au moins avoir un semblant de
métier psychologique dans l'expression et le dialogue, afin de produire la plus grande émotion
possible dans l'âme du spectateur. L'auteur doit
juger par avance non pas seulement de l'effet de
quelques situations ou de la pièce elle-même, mais
de chaque phrase, de chaque mot. Cela n'existe
pas ; on fait un drame comme le potache écrit une
lettre, et l'art dramatique se meurt par la faute de
ses représentants.

Aujourd'hui les pièces à succès ont (en elles
seulement) une signification précise ; on y trouve
des cas particuliers, des caractères spéciaux, des
thèses plus ou moins voilées, plus ou moins fausses.
Tout se rapporte à un événement ou une situation
sociale délicate dont on ne rencontre des exemples

que par hasard, véritables accidents autour desquels le dramaturge construit des mentalités qu'il
étudie et fait évoluer. Il est inutile de dire que
cette psychologie, malgré toute la sincérité appor-
tée, est plus que fantaisiste, mais elle donne l'illusion du positif, du scientifique. Tout est irréel,
mais il y a de la *vivacité* ; le public n'en demande
pas davantage.

ÉMOTION ET TRAGIQUE. — Devant la scène, le
spectateur oublie son propre moi ; ses yeux suivent
le geste, l'attitude des acteurs, l'expression des sentiments ; ses oreilles reçoivent la caresse des sons,
la force compréhensive des idées ; tout son être
devient avide de sensations, d'émotions. *Il ne s'incarne pas dans l'âme des personnages, mais il juge sa
vision, simplement comme s'il jugeait une scène peinte
sur une toile.* Son émotion est purement esthétique
mais, de nos jours, elle est devenue sentimentale ;
l'auteur dramatique n'est pas plus artiste que le
peintre qui veut fixer un sentiment. Il est, en effet,
plus aisé de parler à la sensibilité, à l'émotivité
générale, qu'au sens *esthétique* de l'âme ; aussi dans
tout l'art moderne, a pénétré la confusion de l'émotion pure et de l'émotion esthétique.

Le sentiment découvert dans une scène dramatique, dans une toile ou dans un marbre, trouve
dans l'âme du contemplateur un point d'appui
facile, ou plutôt un *écho* : l'émotion absolument
identique à celle que donne un sentiment réel
découvert dans l'observation journalière du pro-
chain ou de soi-même. Ce n'est donc pas un art,
mais un métier, que de faire vivre des personnages
sur des planches, puisque cela déclanche dans l'esprit une association d'idées, une comparaison de
mots.

Il n'en est plus de même d'une œuvre artistique :
elle parle à notre mentalité esthétique et donne la
jouissance aux yeux par les formes, aux oreilles
par le timbre de la voix, à l'âme par la simplicité
objective, la majesté, la profondeur réelle des
symboles. — merveilleux ensemble qui s'adresse à
tout l'Etre, secret de l'art tragique grec. *La seule
cause du tragique est dans le mythe ou le symbole de
la vie.*

Avant tout, les Grecs recherchaient l'émotion
esthétique ; les acteurs chaussaient le cothurne et
mettaient un masque pour enfler une voix que
l'écho de la scène renforçait encore. Le tragique
portait sur l'horrible, le monstrueux, ou sur la
pensée du fait brutal plutôt que le fait lui-même. Ici
il n'y a pas d'équivoque, c'est le malheur et la mort
dans toute leur horreur, dans toute leur beauté.

Le spectateur se sentait élever, extasier, et dans
bien des cas il était profondément remué, jusqu'à
la perte de sa connaissance.

Il ne faut pas croire que le procédé du poète
consistait simplement à mettre sur la scène un
héros intéressant que la fatalité poursuivait et
anéantissait, pour éveiller surtout la terreur et la
pitié. Cet art, au contraire, était le symbole même
de la Vie. L'émotion tragique était purement esthétique, elle allait au-delà du plaisir simple, comme
le remarque très justement Nietzsche, non par
l'horreur, la stupeur physiologiques, mais par la
compréhension même de la fatalité et du néant de
toute l'existence, — élan sublime de milliers
d'êtres vers la profondeur du mythe, vers l'Art du
dramaturge.

Néanmoins les Grecs connaissaient déjà la plupart des mythes avant d'aller s'asseoir sur les gra-
dins de l'amphithéâtre. Il est permis de croire
que l'*Œdipe Roi* de Sophocle n'aurait pas été
aussi tragique si les spectateurs n'avaient pas
connu la fable. Le drame collait au souvenir, déjà
mystique et effroyable ; il était la reproduction
vivante d'un souvenir terrifiant, entré dans l'âme
comme un rêve.

Et même Euripide, le tragique de la décadence,
préparait le spectateur à l'émotion en l'avertissant
dès les premiers mots de l'action de son drame, ce

qu'Ibsen, de nos jours, reproduit un peu, car il ne montre pas au premier acte exactement le dénouement de l'action, mais il le fait pressentir. C'est peut-être une certaine convention qui, cependant, n'enlève pas le symbole métaphysique, la vision ou mieux la concrétion idéale du drame : signification artistique par laquelle le drame sort de la vulgaire didactique pour être de l'art.

Aujourd'hui l'âme est dans l'impuissance de créer comme aussi de goûter. L'ennui, la banalité, le déjà vu, nous ont blasés ; il faudrait de nouveaux auteurs, de nouveaux sujets, de nouveaux sens. « On trouve, pour la tragédie, toujours moins de matière, parce que le domaine du destin impitoyable, inéluctable, se fait toujours plus étroit. » (1)

Et pourtant, l'absolue fatalité pèse étrangement sur notre vie et l'empoisonne. La souffrance, le pessimisme, éteignent toute volonté, car les aspirations les plus nobles sont arrêtées dès leur éclosion par l'impuissance et la contradiction. L'inconnu et le mystère de chaque instant demeurent insupportables à cause des incertitudes et des duperies de la science.

On a donc plus que jamais besoin d'une rénovation dramatique, à cette heure où toute foi disparaît de notre mentalité incertaine, où toute religion

(1) Nietzsche. *Humain trop humain*, p. 136.

perd sa puissance esthétique et mystique. Le
Théâtre doit, au fond de l'âme, prendre la place
la plus digne après la musique, et satisfaire les
besoins nouveaux des âmes dégoûtées d'une science
impossible.

Malgré la positivité, l'inesthétique, même, de la
mentalité actuelle, il reste un recoin mystique
ignoré qui, parfois, reçoit des émotions très douces
et très profondes à la fois, même chez les plus
sceptiques, les plus blasés. Pour produire cette
jouissance non sentimentale, il n'est pas besoin de
truquages mélodramatiques ni de ficelles vaudevil-
lesques : il ne faut que de la sincérité, de l'art, une
sorte de mysticité, de religiosité même.

L'être humain est ainsi conditionné, non par
atavisme, mais naturellement. Ne pouvant connaître le monde en soi, ne pouvant s'objectiver
par la science, il doit rester éternellement enfermé
dans son individualité, c'est-à-dire dans sa chair,
son âme, dépendantes de l'apparence et fatalement
vouées à la seule vie naturelle.

C'est pour cela que les scènes de poignante émotion (entre les acteurs seulement) laissent dans
l'esprit du spectateur un ennui, une répulsion,
quelquefois du rire ; bien souvent il ne voit pas
de beauté dans ces effusions ; il ne trouve en lui
rien d'analogue, sinon une vague image. Or, il est
psychologiquement impossible que l'être humain

puisse s'identifier à un autre moi et ressentir
douleur parce que le héros souffre sur la sc
On a voulu voir une preuve d'assimilation du
dans la douleur ressentie devant un malheur
chant une personne aimée. La souffrance, d'ab
est tout autre : dans l'être sympathique, ell
une atteinte directe aux forces vitales, aux illus
perdues, — vide moral entrevu, — alors que l
qui sympathise éprouve de la gêne, de la p
jamais son imagination ne pourra se représent
malheur qui frappe son ami ; il ne comprendr
vide que si l'économie de son moi propre en s
frira.

Aussi quelle n'est pas l'impudence de ces
qui, éprouvant seulement une grande pitié,
charnent à consoler un malheureux ; leurs mot
trouvent pas d'écho dans l'affliction, ils son
faux, ils sont inutiles. Des amants seuls saura
se consoler dans l'impulsion des âmes, la vibra
des chairs, mais alors il n'est plus question
malheur, car la souffrance est déjà suffis
pour éveiller la volonté de volupté, sadisme p
être ? Et pourtant... bien des animaux se batter
se mordent cruellement avant de s'accoupler.

Non, l'émotion jetée aux feux de la ramp
touche pas plus les spectateurs que celle ren
trée dans la vie réelle ; elle est d'autant plus
gereuse sur la scène, que l'atmosphère du thé

est d'une *limpidité extrême*, et que dans cette orgie
de lumière un défaut grossit, un geste manqué
choque, et un caractère poussé à l'outrance, même
logique, révolte et jette un voile sur les autres
beautés de la pièce.

Un grand pas serait fait dans l'art dramatique si
les auteurs revenaient à la simplicité antique, à
l'influence naturelle du destin. Pour cela, il est
nécessaire de songer qu'un drame est comparable
à un tableau plastique de la vie. L'émotion du
spectateur n'est réelle que si elle est esthétique,
c'est-à-dire une émotion pure ressentie devant une
forme, ou une vision métaphysique de la vie.

Un tel théâtre sera digne de remplacer la superstition dans le fond mystique et mystérieux de nos
âmes dégoûtées.

LA LITTÉRATURE. — Une distinction capitale est
à faire en littérature, comme du reste pour toute
production de l'esprit humain : l'art et le factice.
J'ai montré déjà que les créations modernes étaient
bien plus didactiques qu'artistiques, et il n'y aurait
pas lieu de le faire remarquer encore si de pareilles
œuvres ne se présentaient pas comme ayant un but
esthétique. Il n'y a en elles que du métier, c'est-à-

dire de la pratique et de la vénalité. De cette
manière l'artiste dégénère lentement en confondant
le sentiment et la forme.

La littérature, particulièrement, a été comprise
comme un moyen de combat. Les idées, les thèses,
sont désormais présentées, défendues et combattues
sous les auspices de la dialectique, selon le tempérament de chaque artiste ; aussi est-il déplorable
de constater le nombre décroissant d'œuvres d'art
réelles, écrites au fil d'une inspiration libre et impulsive pour donner à l'extérieur une matérialisation
de la *Beauté*. Une telle création ne doit prendre
pour but, le bien ou la vérité, idées qui peuvent
être disputées par une affirmation contraire avec
tout autant de raison ; la vision de l'artiste seule se
voit et se laisse admirer dans son ensemble, elle
n'admet pas de critique.

Il est évident que dans les lettres le style est une
forme au même titre que dans la peinture ou la
musique, mais ce n'est là qu'un certain moule qui
souvent emprisonne le Rêve de l'artiste, le trouble,
le détruit même, donnant de la valeur au talent
mais pouvant étouffer le génie. La critique oublie
souvent que les hommes de génie d'autrefois
créèrent une technique d'élocution, non parce
qu'elle était inexistante ou démodée, mais inutile ;
cette formule nouvelle faisait partie intégrante de
leur fougue géniale, de leur jet impulsif d'art.

Ces artistes supérieurs, presque toujours, termi-
nent une époque, bien qu'ils soient suivis d'une
meute d'imitateurs, talentueux pour la plupart, mais
copistes dénaturés, auxquels il a fallu l'impulsion
d'un génie pour sortir de l'ombre. Ils se disputent
les restes dédaignés d'un festin de dieu, et parfois
insultent l'amphitryon.

Pareil reproche ne peut s'adresser à la modernité, car tous les auteurs se croient du génie et
suivent des routes différentes. Toutefois, il ne faut
pas regarder de trop près..... mais qu'importe,
peut-être un jour l'Art reprendra ses droits et chas-
sera les vils marchands du temple sacré !

Le plaisir du Beau. — Dans l'émotion que l'on
éprouve devant la reproduction d'un sentiment ou
d'une idée, il peut entrer non seulement un plaisir
physiologique, mais aussi une joie de l'âme. Ce
phénomène émotif est très complexe et mérite que
l'on s'y attarde un moment.

L'œuvre d'art *s'impose* dans son ensemble à tout
l'être, sinon l'on passerait devant elle sans s'inté-
resser ou sans être touché, quelque attention que
l'on y portât. Avant tout autre fait, le sentiment
exposé déclanche en l'âme l'idée correspondante;

ou admire l'exécution, par conséquent l'effet matériel ; ceci est le plaisir laissé au vulgaire ou à celui
qui ne peut être ému que par un sentiment. Le philosophe va plus loin, il découvre s'il le peut une
idée et il juge ; cette idée tirée de son propre cerveau tâche de donner une raison à l'impression
ressentie ; il sent de la majesté dans une attitude,
de la noblesse dans un geste, un élan volontaire
dans le personnage qu'il voit vivre ; il sent de la
beauté dans tout l'ensemble, peinture ou drame ou
poésie. L'artiste adore la forme, il est ébloui par
tout l'art coulé dans cette production, il ne trouve
pas même un mot de critique pour le dessin ou le
style ou la technique d'exécution : il aime sans res-
triction. Le métaphysicien, enfin, a conscience qu'il
se trouve devant un secret divin, devant l'énigme
qu'un homme supérieur posa à l'humanité afin de
se délivrer d'une pensée obsédante, et, après le
maître, il fera éclore de l'œuvre sa véritable signification devant la vie, non pas l'idée banale que
tous entrevoient, mais la pensée sublime qui causa
l'impulsion géniale, — *vision* dont l'œuvre n'est
que la synthèse. Là seulement se trouve le *Beau*,
que cache la forme, l'Emotion écrasante qu'a eue
l'artiste devant une création que toute une époque
a faite avec lui.

Le tourbillon fatal de la vie pratique et décevante
empêche l'homme moderne d'aller au fond de son

émotion ; son plaisir est déjà complet lorsque toutes les idées premières évoquées par l'œuvre —dans les rapports entre toutes les parties de l'exécution : la couleur, la psychologie, le sujet, le titre, — trouvent en lui un écho suffisant ; encore est-il rare de voir cette sensation s'imprimer dans son émotivité pour augmenter son éducation artistique et servir de critérium pour apprécier les œuvres futures de même ordre.

On ne s'étonne plus alors de l'énorme succès des créateurs vides de création originale, qui répondent si parfaitement aux sentiments bas de la foule, aux goûts du critique. On voit, en effet, de la beauté dans une caresse de sons sautillants, de couleurs délicates, de sentiments vulgaires ; mais la beauté pure, la beauté des formes — l'émotion esthétique — est inconnue, sinon des artistes seuls, et la beauté métaphysique est à jamais inaccessible.

Aussi la foule, le public et le critique, comprennent aujourd'hui le beau dans la seule expression des sentiments ; ils n'ont que l'émotion physiologique puisée dans la sensibilité par comparaison avec le souvenir des sensations de la vie journalière : leur jugement est factice et faux, car il ne s'adresse qu'à l'infime partie de l'œuvre, celle que l'artiste aurait volontiers rejetée s'il ne lui avait pas été nécessaire de faire cette concession au goût du commun.

Mais la critique a été corrompue par l'invention psychologique de l'objectivité du beau, comme si la qualité des objets était plus accessible à l'homme que les objets eux-mêmes, comme si *la raison ne jugeait pas sur la représentation, l'apparence* que les objets projettent en lui. Or, l'impression seule étant jugée, le critique ne peut donner qu'une appréciation personnelle ; le sentiment s'adresse uniquement à la représentation, et non à l'objet ; la matière *en soi* ne peut avoir de qualité immatérielle.

Le goût individuel est seul juge dans le monde, car il découle de la comparaison intime, c'est-à-dire de la perception antérieure d'une semblable émotion ; il trahit l'âme du critique comme l'œuvre met à nu l'âme de l'artiste. Le Goût et le Beau sont de précieux auxiliaires psychologiques dans l'étude d'une individualité marquante ; ils ne sauraient être négligés.

La Critique. — En soi l'œuvre d'art ne peut être jugée, car l'impression qu'elle donne est individuelle. On peut certes la disséquer comme l'a fait M. Taine, et rapporter ses parties à la *Race*, au *Milieu* et au *Moment,* puisque l'individualité est la résultante de ces trois forces. On explique ainsi la genèse de l'œuvre et on juge une époque, une mentalité. Rien n'est plus scientifique. Mais l'encombrement formidable du marché littéraire ne permet plus de peser la marchandise ; on prend au hasard et l'on apprécie d'un coup-d'œil. Même on profite souvent des quelques lignes accordées par le journal ou la revue pour faire de la polémique.

Le critique s'embourbe dans une éternelle formule personnelle et finit par ne plus discerner la beauté de la banalité. Se voyant craint et encensé, il se croit pontife et assomme tout ce qui n'entre pas dans son cercle visuel, tout ce qu'il ne comprend pas, tout ce qu'il ne peut comprendre.

Les productions originales sont étouffées dès leur essor ; les caractères n'ayant pas encore frappé le critique au cours de son évolution, demeurent incompris, — donc faux et laids. Il lui serait pourtant aisé de pénétrer le sujet : non, il abat sans raison. Une œuvre qui se présente comme esthétique, renferme des images, des formes sur lesquelles s'appuie le plaisir du beau. Il faut donc, avant tout, démêler l'art de l'idée, la forme du vide, la vision du néant.

Cette *vision* permet seule de reconnaître une œuvre artistique d'une dissertation philosophico-littéraire. Les tendances contradictoires de la raison humaine obligent l'artiste qui veut défendre

9

une idée, de matérialiser sa pensée, sinon elle s'effondrerait d'elle-même.

Aussi, au nom de l'Art, il est temps de demander à la *critique objective* quels sont ses titres.

En effet, le critique savant a évolué parallèlement à l'artiste ; il a lu et goûté les auteurs notables du dernier siècle — ceux qui formèrent le bloc de son tempérament —, les classiques principaux de tous les temps, de tous les pays. Il est lui-même devenu artiste, il possède un goût sûr, une science certaine. Il comprend et aime la beauté.

Le critique, aujourd'hui, se contente d'insulter et de mordre plutôt que de faire aimer le beau..... mais peut-être le Beau n'est plus. Néanmoins, la tâche de rénover l'Art dans une époque inesthétique comme la nôtre, devient héroïque et noble, ingrate et périlleuse. Et cependant, l'Esthétique pure est, par la théorie de l'Impulsionnisme, rigoureusement positive.

Telles sont les idées qui poussèrent M. Ary-René d'Yvermont à jeter les fondements de la nouvelle école de critique basée sur sa théorie de l'impulsionnisme.

La psychologie devra d'abord résoudre le point délicat de la formation du Beau, car les lignes des objets s'impriment dans le cerveau en même temps que le nom de l'objet et le plaisir que la vision a donné. C'est ce plaisir qu'il importe de disséquer, car le Beau ne pourrait être que dans la plus forte émotion ressentie et servant de critérium par le souvenir, ou encore dans la plus grande somme de visions de même nature que l'on a eues au fil de l'évolution.

La Renaissance avait un idéal de Rêve et de Foi, mais il ne nous reste rien que « l'Homme » et le tragique de son existence. Nous hasarderons donc une proposition rationnelle, désormais nécessaire à la culture moderne afin de lui permettre de hausser son type d'humanité :

L'HOMME EST L'IDÉAL DE L'ART.

V

L'ART INACTUEL

L'Art et la Foule. — La profonde signification
de l'œuvre d'art n'est perçue que par l'artiste et
par le métaphysicien ; aussi, ne peut-on pas demander à l'art de se vouer au peuple.

La foule se porte vers ce qui lui plaît, vers un
genre de beauté vulgaire et sentimental, vers la
synthèse de son âme grossière livrée aux sensations
du moment. Dans une œuvre d'art, elle prend ce
qu'elle comprend, ce qui la touche, ce qui flatte ses
instincts, ce qui enfin, a le plus de force populaire.
L'artiste a d'autres ambitions si, parfois, il est
obligé de sacrifier à Plutus.

Forcément, ce qui apparaît en premier lieu dans
une œuvre d'art, c'est le côté superficiel : la forme
banale et l'émotion directe, c'est-à-dire justement
ce que l'artiste méprise ou plutôt ce que l'artiste ne
peut voir. Son regard perçant va au-delà de la

matière et du sentiment ; il va jusqu'au symbole, jusqu'au Beau.

Le rêve emplissant son âme est le seul stimulant de son activité ; il ne s'adresse à personne d'autre qu'à l'artiste lui-même, il est la fin en soi, il est l'énigme que la Nature pose à l'homme.

S'il n'en était pas ainsi, un psychologue savant pourrait composer les poèmes les plus expressifs, les romans les plus délicieux, les drames les plus touchants. Il n'aurait qu'à soigner la partie émotive de l'œuvre pour déchaîner dans le cerveau du lecteur les images les plus douces, les idées les plus agréables, les sentiments les plus charmants. L'association des idées et des images serait seule en jeu et, en notre temps d'inesthétisme à outrance, à chaque pas on trouverait dans son œuvre le beau. Il y a donc un art pour la foule.

C'est pour cela que l'artiste pur ne peut s'adresser au peuple, ni même à l'élite, sans déchoir, sans faillir à son destin. C'est pour cela aussi que les Berlioz, les Wagner, les Nietzsche sont restés si longtemps dans l'ombre ; il a fallu deux générations pour les rejoindre... et pour ne pas les comprendre !

L'Artiste doit rester indépendant.

PARIS MILIEU ESTHÉTIQUE. — Paris est la consécration de l'artiste comme il est aussi le temple
dispensateur d'enthousiasme et d'ivresse artistiques.

Une sensation tragique et raffinée sournoisement
pénètre en l'artiste qui observe Paris, faisant dou-
cement vibrer les entrailles comme sous une caresse
d'amour et insufflant la jouissance dans la chair
tendue jusqu'à l'insensibilité. L'âme grisée de
volonté, d'idéal et d'art, a l'intuition plus que la
vision, de l'existence du spectacle grandiose et délicat qu'elle ne peut comprendre, mais dont elle veut
découvrir l'idée, la raison. Mais elle ne voit que
volupté cérébrale, caresse nerveuse, frissons char-
nels, que sensation enfin.

Aussi, les maisons froides et sveltes, démesuré-
ment hautes, écrasent et bouleversent ; les boule-
vards grouillants, infiniment larges, infiniment
longs, font éclore dans le cerveau, comme en une
serre, la beauté, la passion, le vice, la névrose et,
fleur plus rare, plus précieuse : l'oisiveté. Au loin,
la butte poétique surgit à l'extrémité de rues étroites,
noires, presque lugubres, avec le mauvais goût
d'une acropole manquée, laissant traîner dans
l'âme la pensée désespérante, inféconde d'un art
sublime mais... irréalisable...

Et la rumeur sourde de la ville évoque l'infini

entrevu déjà au bourdonnement des flots rôdant
par les rochers.

Dans la brume ou la poussière dorée par le soleil,
l'artiste va, égoïste et fier comme un dieu, avec un
peu de mélancolie au cœur. Il se donne tout entier
à cette suggestion voulue qui monte de sa sensation : ne pouvant prendre au sérieux la vie, il
accepte sans discuter ni même railler — quoique
parisien —. Il rêve et ne croit pas à son rêve : c'est
là son ironie. Et son Être s'éparpillant au feu de la
jouissance, se vautre, se tord et s'abîme dans les
bras de cette courtisane androgyne que l'on appelle
la Décadence.

L'artiste vit au gré du hasard dans cette ville
artistique idéale, Yoshivara de l'Art, où le but
suprême de son existence est la poursuite d'une
conception de dégénéré, originale et souffreteuse,
dont l'âme de Paris est la Muse.

Muse divine, Elle préside les cénacles d'esthètes,
les énivre d'orgueil, les étreint d'angoisse : de
vaines causeries envahissent le salon et les mots
traînent et sonnent, grisant celui qui expose une
idée, alors que personne ne parvient à concentrer
assez d'attention pour la fixer dans l'esprit. Les idées
s'entrechoquent et se contredisent, affolées, au vent
de la vanité : l'on discute psychologie, théâtre,
musique, esthétique. Une touffeur étrange et sacrée
emplit ce sanctuaire d'art, caresse les sens et se

charge encore de la vapeur de thé ou de la fumée
des cigarettes miellées... Les artistes brillent, se
mordent, assomment les amis ou les rivaux, jugent
le public idiot, la société immonde, et prennent des
attitudes mélodramatiques pour fixer l'avenir :
c'est l' « Elite » qui, en phrases lentes et rythmées,
méprise la plèbe et cloue au poteau de l'ignominie
le philistin.

Muse mystique, l'âme de Paris flotte au Théâtre,
exhalant un souffle magique, soupir de luxure qui
ébranle les nerfs et fait recueillir le spectateur.
Silencieux dans l'attente du spectacle rare, il est
hébété dans l'intérêt qu'excite toute originalité...
antique à qui l'annonce a donné l'allure d'une
manifestation d'art inconnue encore.

Muse gaudiale, Elle recouvre de ses voiles hya-
lins le music-hall et le restaurant de nuit envahis
par l'insouciance des rastas, la luxure des bour-
geois, le mépris hautain et craintif des demi-mon-
daines pâles et tristes. Et les valses et les czardas
planent au-dessus du cliquetis des soucoupes, au-
dessus du tumulte des éclats de voix, des rires et
des cris.

Muse chimérique, Elle est pressentie dans la
vision de la Femme, silhouette fuyante et jolie qui
traîne un sillage de parfums pénétrants. Elle a le
visage « parisien », la bouche fine et tranchante, le
regard lesbien et voluptueux. Elle est l'inconnue

que l'on admire, les yeux en déroute : on la désire
avec violence parce qu'elle semble invertie et qu'elle
a l'attrait morbide d'une beauté sensuelle affolée de
vices qui tuent.

Muse tragique, Elle s'incarne en l'Ephèbe pour
donner à l'artiste l'impulsion qui secoue sa veule-
rie et le jette éperdu dans les rêves les plus purs :
il adore l'éphèbe pour sa beauté élancée et son âme
antique, il le déifie, le craint et, au fond, le méprise ;
il voudrait posséder ce dieu d'une étreinte formidable et, de jalousie, tracer au stylet de grands
traits rouges sur son corps neigeux.

La jouissance seule se dégage de l'essence décadente et sublime de Paris. L'Etre s'épanouit comme
une fleur au soleil, dans cette atmosphère de Rêve
qui pressure la ville immense pour en exprimer
toute la volonté, pour éclaircir toute désespérance,
pour imposer une mélancolie factice et douce et
rendre tout esprit subtil, léger, sautillant. C'est une
atmosphère de parfums, qui exhausse l'homme jusqu'aux délirants états de l'extase artistique, ou
bien le pousse, tel un nouveau Prométhée, dans
les pires aventures psychiques : rédemption héroïque ou déchéance définitive, félicité tragique ou
folie glorieuse...

L'âme de Paris est insaisissable : elle est la joie
qui laisse perler quelques larmes amères, elle est le
Cyclope qui fait enfuir de la montagne ébranlée...

une souris maladive et monstrueuse, elle est l'ironie rageusement lancée aux échos du gouffre du
désespoir.

Et l'âme de Paris est le symbole de l'âme
moderne.

L'Art inactuel. — Paris recèle une atmosphère
digne des plus grandes conceptions de l'art, mais la
science, dans sa marche progressive, a jeté le
trouble dans l'âme du véritable artiste.

L'art étant le but le plus noble de la vie, le but
le plus positif, le moins décevant, le moins animal,
doit redevenir l'*Art*, c'est-à-dire la traduction d'une
vision d'artiste, l'adoration de la forme.

Or, la foi est morte à jamais, car nous nous sentons trop savants pour croire à la réalité du monde
divin. La foi nouvelle de l'athéisme est trop fortement enracinée dans l'âme emplie de doute pour
permettre au Dieu de Bossuet de revivre en nous.
La superstition même a perdu ses droits et nous
savons qu'elle était le fondement même de l'art
primitif : elle troublait tous les sens et forçait l'âme
à sortir de l'animalité et à s'objectiver. — Et pourtant, la science n'a pas détruit le fond mystique de
l'homme, elle l'a seulement voilé.

Il nous faut, par conséquent, reprendre la source de nos félicités, reconquérir notre âme vraie. Tôt ou tard, cette évolution se produira, mais notre devoir est de nous délivrer des sophismes de la science psychologique afin de la précipiter plus rapidement dans le vide. Alors l'Art pourra renaître car la destinée humaine sera plus tragique qu'elle ne l'a jamais été : l'on saura qu'il n'y a pas de but.

La vie moderne ne nous satisfait plus. Nos illusions tombent ; nos sens devenant plus clairvoyants ne se contentent plus des vaines hypothèses de la science de l'âme. La vie est devenue toute autre que celle d'autrefois.

L'ironie devant la vie est même à craindre ; l'ironie nietzschéenne, dernier refuge de l'orgueil humain, vaincu par l'impossibilité de la connaissance, par la vanité du savoir, abattu par le dégoût.

« Jadis, si je me souviens bien, ma vie était un festin où s'ouvraient tous les cœurs, où tous les vins coulaient.

« Un soir, j'ai assis la Beauté sur mes genoux. — Et je l'ai trouvée amère. — Et je l'ai injuriée. » (1)

Cet état d'âme pessimiste sera le germe d'un art original qui, répugné du monde spirituel, prendra

(1) Jean-Arthur Rimbaud : *Une Saison en Enfer*, p. 216.

l'homme pour idéal. L'art nouveau donnera donc
en pâture à l'âme un nouvel orgueil et lui permet-
tra de prendre encore goût à l'existence. Par là, nous
ne partageons pas les appréhensions de Nietzsche :
« Le souvenir de l'art antique perce momenta-
nément : état de choses qui trahit bien le sentiment de la perte, du manque, mais ne prouve pas
l'existence d'une force dont un nouvel art pourrait
naître » (1).

Mais justement, ce qu'il y a de tragique dans
notre vie, n'existe que par la stupide croyance au
besoin de connaissance psychologique. Cette divaga-
tion n'a réussi qu'à rendre l'âme maladive en l'im-
prégnant toute de dégoût, de honte... La Raison
se *trompe* dès qu'elle dépasse la réalité et ses
attributs : cela est prouvé, mais personne ne le
veut croire. Et nous cherchons toujours, au nom
de la morale, et nous sentons notre impuissance :
le penseur sombre dans le désespoir. Il *sait* qu'il ne
peut rien découvrir dans le monde abstrait et il est
forcé par l'atavisme scientifique de toujours chercher. Il ne peut plus supporter la vie, car il est
devenu un dieu trop noble, trop beau pour se con-
tenter de l'absurde bonheur d'une humanité de
brutes.

(1) Nietzsche : *Humain trop humain*, (1876-1877) p. 266.

La moitié de ta vie est passée :
Elle fut douleur et erreur d'heure en heure !
Que cherches-tu encore ? *Pourquoi ?* —
C'est ce que je cherche — la raison de ma recherche. (1)

Maintenant seulement l'homme a mangé le fruit
de l'arbre de la connaissance ; ses yeux se sont
ouverts et il a reconnu qu'il est nu. Il est maudit
par la nature et lui-même il se maudit ; il ne sait
plus comment vivre pour rester malgré tout loyal
envers sa nouvelle noblesse, sa nouvelle beauté.

Ce désespoir est une *illusion*. Mais la croyance
vulgairement optimiste du sage n'est-elle pas, elle
aussi, une *illusion ?*

« Avec quelle malice nous écoutons maintenant
le grand tintamarre de foire par lequel l' « homme
instruit » des grandes villes se laisse imposer des
jouissances spirituelles par l'art, le livre et la
musique, aidés de boissons spiritueuses. Combien
aujourd'hui le cri de passion du théâtre nous fait
mal à l'oreille, combien est devenu étranger à notre
goût tout ce désordre romantique, ce gâchis des
sens qu'aime la populace cultivée, sans oublier ses
aspirations au sublime, à l'élevé, au tortillé ! Non,
s'il faut un art à nous autres convalescents, ce sera

(1) *Le Gai Savoir*, p. 32.

n art *bien différent* — un art malicieux, léger
fluide, divinement artificiel, un art qui jaillit comme
une flamme claire dans un ciel sans nuages ! Avant
tout, un art pour les artistes, pour les artistes uniquement. » (1)

L'humanité pessimiste découvrira en la *vision
artistique de l'homme* un idéal — suprême consolation, intarissable source de *volonté de Puissance*.
L'Être peut encore se hausser s'il n'erre pas dans
l'immatériel qu'inventa une imagination affolée de
morale mystique. Il doit se passer d'inconnaissable
s'il veut être artiste — artiste impulsif.

Mais qu'importe l'Art si l'homme trouve aujour-
d'hui une satisfaction dans la parodie sentimentale
d'un beau morbide. Cela doit être aussi : nos
ancêtres avaient des Artistes, mais aussi l'Eglise.
Tout s'est effondré sous la folie scientifique.
L'homme a, malgré tout, gardé dans le cœur l'héri-
tage de la foi, ce besoin d'admirer quelque chose ;
l'abaissement de l'art au niveau de sa mentalité, lui
permet de s'extasier devant l'inesthétique. Qu'importe ! Cette émotion suffit à un blasé ; l'ignorance
est rachetée par la force d'émotion que possède
encore la Beauté maladive sur les sens dénaturés.

Malgré le stigmate de boue, de fange, de putré-
faction que le Christianisme laissa dans le cerveau

(1) Nietzsche : *La Gaya Sciença*, p. 13.

de la bête humaine, nous devons adorer cette Bête qui, pour sa consolation, a pensé narguer le Destin ; l'arbre de la connaissance lui a soufflé le désespoir, mais aussi le rire sur ce désespoir. Comme Zarathoustra, la Bête a canonisé son rire afin de pouvoir chasser de son atmosphère les mofettes de son bourbier religieux.

Désormais, nous pourrons *adorer l'Homme* franchement, dans la splendeur de la lumière et à la face du monde. Mais qui donc a dans son Être assez de forces créatrices pour faire éclore l'Homme dans son imagination d'artiste ? Qui donc aujourd'hui est capable d'entonner avec le Nietzsche de *la Gaya Scienza* un chant de délivrance, « un chant du matin tellement ensoleillé, tellement léger, si aérien qu'il ne chasse *pas* les idées noires, mais qu'il les invite à chanter avec lui, à danser avec lui » ?

TABLE DES MATIÈRES

TABLE DES MATIÈRES

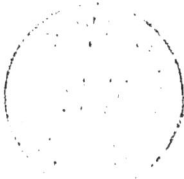

Livre deuxième

QUELQUES NOTES SUR L'ESTHÉTIQUE

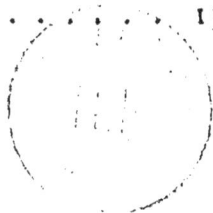

BEAUVAIS. — IMP. OUDAILLE. — TÉLÉPHONE.

www.ingramcontent.com/pod-product-compliance
Lightning Source LLC
Chambersburg PA
CBHW052358090426
42739CB00011B/2428